canapés

Intérieur et quatrième de couverture
Assistante photographe : Briar Pacey
Stylistes : Sunil Vijayakar, Maddalena Bastianelli et Mary Norden

Première de couverture
Photo : Tango
Styliste : Véronique Gagnon Lalanne

Catalogage avant publication
de la Bibliothèque nationale du Canada

Petersen-Schepelern, Elsa

    Canapés, amuse-gueules et bouchées
    (Tout un plat!)

    Traduction de : Fingerfood

    1. Amuse-gueules. 2. Hors-d'œuvre. 3. Canapés (Cuisine). I. Titre.

TX740.P.4714 2004   641.8'12   C2004-941340-6

Pour en savoir davantage sur nos publications,
visitez notre site : www.edhomme.com
Autres sites à visiter : www.edjour.com • www.edtypo.com
www.edvlb.com • www.edhexagone.com • www.edutilis.com

L'ouvrage original a été publié
par Ryland Peters & Small
sous le titre *Fingerfood*

Dépôt légal : 3ᶜ trimestre 2004
Bibliothèque nationale du Québec

ISBN 2-7619-1932-7

DISTRIBUTEURS EXCLUSIFS :

• Pour le Canada
et les États-Unis :
MESSAGERIES ADP*
955, rue Amherst
Montréal, Québec
H2L 3K4
Tél. : (514) 523-1182
Télécopieur : (514) 939-0406
* Filiale de Sogides ltée

• Pour la France et les autres pays :
INTERFORUM
Immeuble Paryseine, 3, Allée de la Seine
94854 Ivry Cedex
Tél. : 01 49 59 11 89/91
Télécopieur : 01 49 59 11 96
Commandes : Tél. : 02 38 32 71 00
               Télécopieur : 02 38 32 71 28

• Pour la Suisse :
INTERFORUM SUISSE
Case postale 69 - 1701 Fribourg - Suisse
Tél. : (41-26) 460-80-60
Télécopieur : (41-26) 460-80-68
Internet : www.havas.ch
Email : office@havas.ch
DISTRIBUTION : OLF SA
Z.I. 3, Corminbœuf
Case postale 1061
CH-1701 FRIBOURG
Commandes : Tél. : (41-26) 467-53-33
               Télécopieur : (41-26) 467-54-66

• Pour la Belgique et le Luxembourg :
INTERFORUM BENELUX
Boulevard de l'Europe 117
B-1301 Wavre
Tél. : (010) 42-03-20
Télécopieur : (010) 41-20-24
http://www.vups.be
Email : info@vups.be

Gouvernement du Québec – Programme de crédit d'impôt pour
l'édition de livres – Gestion SODEC – www.sodec.gouv.qc.ca

L'Éditeur bénéficie du soutien de la Société de développement des
entreprises culturelles du Québec pour son programme d'édition.

Nous reconnaissons l'aide financière du gouvernement du Canada par
l'entremise du Programme d'aide au développement de l'industrie de
l'édition (PADIÉ) pour nos activités d'édition.

tout un plat !

canapés

Elsa Petersen-Schepelern

Photos : William Lingwood

Traduit de l'anglais par Monique Richard

LES ÉDITIONS DE
L'HOMME

Introduction

Choisissez des recettes qui vous semblent faciles et qui vous permettront de profiter vous aussi de la fête. Préparez quelques bouchées et canapés à l'avance et les autres à la dernière minute afin que l'événement ne se transforme pas en fardeau pour vous. Vous devez compter de quatre à six bouchées par personne à l'heure.

Les recettes de ce livre ont été créées pour être servies à l'heure du cocktail. Ce genre d'événement dure habituellement de deux à trois heures. Si vous avez proposé à vos invités de rester plus longtemps, vous devrez également leur servir un ou quelques plats plus consistants.

Ces recettes peuvent aussi servir de hors-d'œuvre pour accompagner l'apéritif avant un repas de fête. Prenez soin de choisir des recettes légères afin que vos invités aient encore faim à l'heure du repas. Combien de fois ai-je dû cacher le plat de Pois mange-tout et de hoummos que j'avais préparé afin d'être sûre que mes invités auraient encore faim au moment de servir les mets principaux? Il est très important de savoir bien évaluer les quantités.

NOMBRE DE PERSONNES

Avant d'envoyer vos invitations, vous devez évidemment tenir compte de la grandeur de votre maison ou de votre jardin ainsi que de la capacité de votre cuisine. Dans un petit appartement, vous pouvez fixer la limite à six personnes. Si vous avez une maison immense, vous pouvez accueillir des douzaines d'invités et peut-être même une centaine. Mais dans ce cas – fiez-vous à mon expérience –, je vous suggère de faire appel aux services d'un traiteur professionnel!

CHOIX DES RECETTES

Sélectionnez de quatre à six recettes pour une heure de fête. Si vous prévoyez que vos invités passeront environ deux heures chez vous, vous devrez donc préparer une dizaine de recettes différentes. Prenez d'abord quelques recettes dans le premier chapitre, puis une autre dans chacun des chapitres suivants.

Les mets sucrés doivent être présentés à la toute fin de la réception. Ils indiqueront à vos invités que l'heure de la finale a sonné. À moins d'avoir une très grande maison où les odeurs provenant de la cuisine n'envahiront pas inopportunément le lieu de rassemblement, préparez les mets qui requièrent une cuisson à grande friture à l'avance. Vous n'aurez qu'à les réchauffer au four quelques minutes avant de les servir.

ORDRE DE PRÉSENTATION

Servez d'abord les huîtres, les crevettes et le caviar pour donner le ton à l'événement d'une manière spectaculaire. Composez votre menu comme un repas ordinaire en offrant d'abord les mets les plus frais et les plus légers (soupes, papillotes, etc.), puis les bouchées plus substantielles (sushis, hamburgers, bruschettas, etc.). Continuez avec les bouchées à base de riz, de pain et de pâte, puis celles qui sont composées de viande et de volaille.

Viendront ensuite les bouchées à base de salade, suivies de celles qui contiennent du fromage. Vous pourrez clore avec les bouchées sucrées. La plupart des gens cessent de boire de l'alcool après avoir mangé un mets sucré.

UNE CHOSE À LA FOIS

Servez un seul plat à la fois. Pensez à vos invités qui ne mangent pas de viande ou qui sont allergiques à certains aliments. Préparez toujours quelques bouchées végétariennes ou à base de volaille. Ces recettes sont identifiées par la lettre Ⓥ inscrite à côté du nombre de portions.

SERVEURS ET SOUS-CHEFS

Selon l'importance de l'événement et le nombre d'invités, il peut être très utile de faire appel aux services de quelques personnes, qu'il s'agisse de parents, d'amis ou de professionnels.

Téléphonez-leur plusieurs jours à l'avance et donnez-leur des instructions claires avant qu'elles ne commencent le service. Vous devez leur expliquer quoi faire et comment le faire. Décrivez-leur avec précision les bouchées qu'elles serviront afin qu'elles puissent répondre sans difficulté aux questions de vos invités.

À PROPOS DES ALIMENTS

QUANTITÉ

La quantité d'aliments que vous servirez dépendra évidemment du nombre d'invités et de l'aide dont vous bénéficierez. Un seul cuisinier peut s'occuper de huit plats différents à condition de pouvoir en préparer au moins quatre à l'avance. Si vous souhaitez en servir davantage, vous aurez besoin de la collaboration de quelques parents ou amis. Procédez comme sur une ligne de montage en terminant complètement une étape avant de passer à l'étape suivante. Comptez de quatre à six bouchées à l'heure par invité. Si vous attendez une trentaine de personnes qui passeront environ deux heures chez vous, prévoyez de huit à douze plats différents, ce qui signifie au moins 240 bouchées.

QUOI SERVIR ?

Il est important d'inclure une grande variété de textures, de saveurs et de présentations afin de satisfaire tous les palais :

- Aliments croustillants : croustilles, raviolis chinois et rouleaux de printemps frits, nachos, etc.
- Aliments salés et assaisonnés : Noix grillées (p. 33), Spirales aux anchois (p. 72), etc.
- Aliments plus consistants permettant de mieux assimiler l'alcool : Hamburgers et Hot-dogs miniatures (p. 53 à 57), pizzas, bruschettas, etc.
- Aliments crémeux : Barquettes d'endive à la salade de hoummos (p. 86), Taboulé (p. 98), Bagels miniatures (p. 50), Blinis au saumon fumé et au fromage à la crème (p. 59), etc.

- Aliments sucrés: bien qu'il ne soit pas indispensable de toujours servir des bouchées sucrées, elles sont particulièrement appréciées à l'occasion d'événements spéciaux: anniversaires, Noël, etc.

RESTRICTIONS ALIMENTAIRES

N'oubliez pas que certains de vos invités suivent peut-être une diète stricte ou souffrent d'une allergie alimentaire. Ils sauront choisir eux-mêmes minutieusement ce qui leur convient parmi les mets que vous leur offrirez, mais ayez tout de même une pensée spéciale pour eux.

- S'ils suivent un régime, faites quelques bouchées plus légères sans crème ni friture.
- S'ils observent certaines restrictions alimentaires prescrites par leur religion, ne servez pas trop de plats à base de porc, de bœuf ou de fruits de mer.
- Ayez toujours quelques mets pour les végétariens et assurez-vous que les serveurs savent les reconnaître. Le symbole ⓥ, que vous verrez parfois à côté du nombre de portions, vous aidera à repérer facilement les recettes végétariennes dans ce livre.
- Certains invités peuvent aussi être végétaliens, c'est-à-dire ne manger aucun aliment d'origine animale (œufs, fromage, crème, miel, etc.). Offrez-leur des sushis aux légumes, des feuilles de vigne farcies, des bruschettas et d'autres plats qui conviennent à leurs préférences alimentaires.
- Plusieurs personnes sont allergiques aux noix, aux arachides, aux fraises, aux fruits de mer, aux piments et à plusieurs autres aliments. Elles sont habituellement très vigilantes quand elles doivent faire un choix parmi une grande variété de mets.

Vous pouvez éviter les problèmes en n'utilisant pas les ingrédients qui pourraient leur nuire ou en disant simplement aux serveurs quelles sont les bouchées qui contiennent l'un ou l'autre des aliments qui leur sont interdits.

PRÉCAUTION

On doit pouvoir manger les canapés en une ou deux bouchées. Attention aux aliments qui contiennent du liquide et qui risquent de dégouliner sur les vêtements de vos invités. Ces derniers devraient être capables de tenir leur verre dans une main et la bouchée choisie de l'autre.

PRÉPARATION À L'AVANCE

Si vous faites des bouchées de différentes grosseurs, vous devrez faire quelques plats à l'avance que vous conserverez dans le réfrigérateur, le congélateur ou un contenant hermétique (pas plus de deux jours). Préchauffez le four à 200 ºC (400 ºF) environ 15 minutes avant le début de la fête afin de pouvoir réchauffer rapidement certains mets déjà préparés. Utilisez également quelques minuteries qui vous avertiront dès qu'un nouveau plat sera prêt, ce qui vous épargnera beaucoup de stress.

CONSERVATION

Pendant quelques heures ou quelques jours, vous devrez conserver une quantité inhabituelle de nourriture à la maison. Gardez la cuisine, les comptoirs et les ustensiles rigoureusement propres. Tous ceux qui manipulent les aliments doivent se laver les mains aussi souvent que nécessaire. Avant et après la cuisson, réchauffez et refroidissez les aliments rapidement afin d'éviter une prolifération de microbes dans la zone où vous cuisinez. Ne mettez pas de plats chauds dans le réfrigérateur. Leur température doit varier entre 1 °C et 4 °C (34 et 39 °F) avant qu'on puisse les mettre au froid. Les aliments secs ou salés (noix, chips, câpres, olives, etc.) présentent moins de danger.

Réchauffez toujours les mets complètement en veillant à ce qu'ils ne brûlent pas. Ils doivent être conservés à 63 °C (145 °F) ou plus, jusqu'au moment de les servir. Ne servez pas de bouchées trop chaudes afin d'éviter à vos invités de se brûler.

Quelle quantité d'aliments votre réfrigérateur et votre congélateur peuvent-ils contenir ? Si vous n'avez pas assez de place, vous devrez emprunter ceux de vos voisins et amis ou avoir recours à un service de location au besoin.

QUANTITÉ
Mieux vaut en acheter plus que moins. Certains invités boiront, d'autres non. Il est très difficile de prévoir combien de bouteilles seront nécessaires.

CHAMPAGNE
Le champagne est toujours idéal pour ce genre d'occasion. Pour une fête qui dure environ deux heures, comptez une demi-bouteille par invité. Si la fête se prolonge pendant trois heures, il faudra trois quarts de bouteille par personne. Cette évaluation a été faite en observant les personnes qui boivent le plus et les autres qui boivent peu ou pas.

Une bouteille de champagne contient six verres, ou huit si on le mélange pour faire un Kir royal (p. 131) ou un Cocktail au champagne (p. 136). N'hésitez pas à remplacer le champagne pas un bon vin mousseux si votre budget est limité. On en trouve un très grand nombre d'excellente qualité.

VIN
Prévoyez une demi-bouteille par personne comme pour le champagne. Certains préfèrent le blanc, d'autres ne boivent que du rouge. Il faudra satisfaire tout le monde. Choisissez des vins de bonne qualité. En été, achetez trois bouteilles de blanc pour une bouteille de rouge et en hiver achetez la même quantité de blanc et de rouge.

COCKTAILS

Ne servez pas plus de deux ou trois cocktails différents : l'un à base de brandy ou de whisky, l'autre à
base de vodka et le troisième au choix (rhum,
tequila, etc.). Comme il est difficile de préparer les
cocktails à l'avance, optez pour des recettes simples.
Les gens aiment déguster un ou deux verres de cocktail, après quoi ils souhaitent habituellement boire
autre chose.

GARNITURE

Ayez plusieurs citrons verts et jaunes à portée de la
main. Coupez-les en tranches ou en quartiers et couvrez-les de pellicule plastique pour les empêcher de
sécher. Selon les cocktails que vous aurez choisis,
achetez des cerises au marasquin pour le manhat-
tan, des olives et du zeste de citron pour le martini,
du concombre pour le pimms et de la menthe pour
le julep.

SPIRITUEUX

Si certains de vos invités sont amateurs de spiritueux,
il faut savoir qu'il y a 16 mesures dans une bouteille.
Prévoyez trois mesures par personne pour une fête
d'environ deux heures.

Il n'est pas nécessaire d'acheter un grand choix
de spiritueux. Les trois plus populaires sont le
scotch, la vodka et le gin. La tequila et le bourbon
ont aussi leurs adeptes.

N'oubliez pas de vous procurer de l'eau minérale,
du cola, du soda, du soda tonique, de la bière de gingembre (Canada Dry) ainsi que des jus de tomate, de
canneberge, d'orange et de pamplemousse.

PUNCH

Si vous attendez un grand nombre d'invités, pourquoi ne pas servir un punch? Vous pourrez même le
préparer à l'avance – du moins partiellement. Un
punch sans alcool peut aussi faire le bonheur de plusieurs personnes. Un verre de punch très corsé contient environ la même quantité d'alcool qu'un verre
de spiritueux. Calculez les mesures en conséquence.

EAU MINÉRALE ET BOISSONS
SANS ALCOOL

Prévoyez une bouteille d'eau pour trois ou quatre
personnes. Achetez la même quantité d'eau
pétillante et d'eau plate. Les personnes qui condui-
sent une voiture vous seront reconnaissantes d'avoir
pensé à elles et celles qui auront consommé de l'alcool aimeront se rafraîchir après avoir bu leur dernier verre.

N'oubliez surtout pas la glace !

La présentation des bouchées et des canapés est très importante puisqu'elle met davantage en valeur les mets délicieux que vous avez préparés. Vous trouverez de nombreuses idées au fil des pages.

POUR LES BOUCHÉES

Il existe plusieurs façons originales de servir les bouchées :
- cuillères
- petits cornets, cônes ou verres de papier
- tasses de papier ciré ou sulfurisé
- petits verres à liqueur
- tasses à espresso
- verres à thé marocains
- bâtonnets et cure-dents
- brochettes à saté et baguettes de bois.

Les aliments tels que les noix et les croustilles doivent être servis séparément. Le fait de les offrir dans des petits cônes de papier est aussi plus hygiénique.

PLATEAUX

Tapissez les plateaux de service avec des serviettes ou des feuilles de papier, des napperons, etc. Les plateaux ne doivent pas être trop lourds afin de faciliter la tâche aux serveurs. Si vous n'avez pas suffisamment de plateaux, empruntez-en quelques-uns ou, mieux encore, créez-en en utilisant de manière originale différents objets que vous détournerez exceptionnellement à cette fin :
- assiettes et paniers
- planches à découper
- raquettes de tennis et de ping-pong recouvertes d'un napperon
- grille du four et plateaux à gâteau
- carton et boîtes (conservez les belles boîtes de chocolat qui se transforment facilement en plateau)
- pots de fleurs.

LINGE

Pour couvrir les plateaux :
- papier à tracer
- papier buvard
- papier brun replié
- papier cadeau coloré (s'assurer que la teinture ne souillera pas les aliments)
- feuilles fraîches ou séchées
- serviettes de table et napperons
- toiles d'emballage et linges de table ourlés ou découpés au ciseau.

Ne mettez aucun frein à votre imagination !

UNE SEMAINE À L'AVANCE

- Commandez boissons, verres, glace, seau à glace, boîtes à ordures, etc.
- Achetez des plateaux supplémentaires si nécessaire.
- Rassemblez divers items pour le service : cônes et verres de papier, serviettes, napperons, paniers, bâtonnets, brochettes, cure-dents, etc.
- Faites votre choix de chandelles et de musique.
- Assurez-vous que vous avez tous les ustensiles requis selon les recettes choisies.
- Préparez les plats qui peuvent être congelés.

DEUX OU TROIS JOURS À L'AVANCE

- Préparez les ingrédients qui peuvent être conservés dans un contenant hermétique jusqu'au moment du service.
- Faites les crèmes glacées, les gâteaux aux fruits, etc.
- Faites une liste d'achats finale et passez votre commande aux différents fournisseurs pour les items que vous n'irez pas chercher vous-même au magasin ou au marché.

LA VEILLE

- Achetez tous les aliments, sauf les plus périssables tels que les huîtres, les crevettes, les salades et les fines herbes.
- Préparez les viandes, les sauces et les marinades. Faites mariner les viandes qui serviront aux bro-

chettes et conservez-les au réfrigérateur. On peut les enfiler à l'avance sur des brochettes de bois. Celles-ci devront rester humides afin qu'elles ne brûlent pas lorsqu'on les mettra sur le gril.
- Faites le rosbif qui peut être gardé au froid pendant la nuit.
- Préparez les mélanges de base pour les différentes boissons : punch, glögg, etc.
- Nettoyez la pièce où vous accueillerez vos invités et aménagez une zone spéciale pour le bar. Sortez les verres, shakers, serviettes, bâtonnets, pailles et autres objets qui vous faciliteront la tâche.
- Mettez les boissons qui seront servies froides

dans le réfrigérateur. Il n'est pas toujours facile de refroidir plusieurs bouteilles à la dernière minute.

LE MATIN
- Achetez la salade, les fines herbes, la crème, les fruits de mer et les autres produits qui doivent être de première fraîcheur.
- Préparez les vinaigrettes, les salsas, les fines herbes et les garnitures. Conservez les brins de fines herbes dans un bol d'eau glacée couvert de pellicule plastique.
- Coupez les légumes qui serviront dans les différentes recettes et couvrez-les de pellicule plastique.
- Dressez les plats qui peuvent être faits quelques heures à l'avance.

L'APRÈS-MIDI
- Assemblez et cuisez tous les plats, sauf ceux qui requièrent une préparation à la toute dernière minute.

DEUX HEURES À L'AVANCE
Commencez à cuire et à assembler les plats qui demandent une préparation de dernière minute (pizzas, etc.).

UNE HEURE À L'AVANCE
Préparez les recettes telles que les Smörrebröds (p. 49). Conservez-les au réfrigérateur jusqu'au moment du service.

TRENTE MINUTES À L'AVANCE
- Préchauffez le four.
- Soyez sur le qui-vive! Les premiers plats devraient déjà être prêts à servir. Ouvrez les bouteilles de vin (pas le champagne!). Détendez-vous!

QUAND LES PREMIERS INVITÉS ARRIVENT
- Faites sauter le bouchon d'une bouteille de champagne, servez les cocktails... et que la fête commence!

BOUCHÉES À LA CUILLÈRE ET AUTRES DÉLICES

Ce chapitre démontre qu'il est possible de servir
des ingrédients d'une absolue simplicité d'une manière
vraiment spectaculaire. Cela vous simplifiera la tâche
et vous permettra de tenter de nouvelles expériences
qui en mettront plein la vue à vos invités.
Plusieurs mets peuvent être servis à la cuillère,
pas seulement le caviar et la crème glacée.
Certaines des bouchées que je vous propose
ne sont pas de véritables recettes, mais plutôt
des idées originales de présentation.

Brochettes de saumon fumé

12 bouchées

- 240 g (8 oz) de saumon fumé
- Zeste de deux citrons, finement râpé
- Poivre noir fraîchement moulu

Préparez ces brochettes le matin, couvrez-les de pellicule plastique et conservez-les dans le réfrigérateur. Il suffira de les laisser reposer à température ambiante pendant quelques minutes avant de les servir.

• Couper les tranches de saumon fumé sur la longueur en fines lanières de 1 x 10 cm (¹/₂ x 4 po). La plupart des tranches donneront environ 3 lanières. Enfiler les lanières minutieusement sur de fines brochettes de bois.

• Déposer les brochettes sur un plateau de service, parsemer de zeste de citron et poivrer.

Prairie Oyster glacé

INGRÉDIENTS

- 625 ml (2 ½ tasses) de jus de tomate
- 175 ml (¾ tasse) de vodka glacée
- Jus de six citrons verts ou de deux gros citrons
- Tabasco au goût
- Glace concassée
- 12 huîtres fraîches, écaillées
- Sel et poivre fraîchement moulu
- Brins de menthe fraîche (facultatif)
- Zeste de citron vert
- Petits quartiers ou fines tranches de citron vert

PRÉPARATION

Cette boisson est très appréciée par ceux qui veulent se remettre rapidement de la gueule de bois. Je vous propose de remplacer le jaune d'œuf de la recette originale par une huître fraîche. Offrez-en un verre à vos invités dès leur arrivée. Pour un succès garanti, les ingrédients doivent être bien glacés et la vodka doit sortir directement du congélateur.

- Mettre le jus de tomate, la vodka, le jus de citron et le tabasco dans un pichet rempli à moitié de glace concassée. Bien remuer. Si on prépare cette boisson à l'avance, la garder dans le réfrigérateur sans mettre la glace.

- Mettre une huître dans chacun des 12 verres. Verser la vodka et ajouter une feuille de menthe ou un zeste de citron vert, un peu de sel et de poivre ainsi qu'un quartier de citron vert piqué sur un bâtonnet à cocktail.

VARIANTE

- Avant de commencer, frotter le bord de chaque verre avec un quartier de citron, puis le passer dans une soucoupe remplie de sel pour faire une collerette de givre.

Gaspacho

Voici un gaspacho hors du commun au goût éclatant. Assurez-vous que tous les légumes sont bien froids avant de préparer cette recette.

• Peler les poivrons avec un couteau éplucheur. Évider et hacher à l'aide du mélangeur. Ajouter les tomates jaunes, l'ail et 750 ml (3 tasses) de glace concassée. Réduire en purée. Refroidir jusqu'au moment de servir.

• Couper les concombres en deux sur la longueur. Racler et jeter les graines. Couper les concombres et les radis en biais à l'aide d'une mandoline. Couper les oignons verts en biais.

• Verser la purée (l'allonger avec de l'eau si nécessaire) dans des petites tasses ou des verres. Ajouter quelques morceaux de concombre, de radis, de tomates cerises rouges et d'oignons verts. Parsemer de ciboulette, de menthe, de sel et de poivre avant de servir.

- 4 poivrons jaunes ou oranges
- 1 petit panier de tomates cerises jaunes, coupées en deux
- 12 tomates cerises rouges, coupées en quartiers
- 2 gousses d'ail, écrasées avec du sel
- 3 concombres miniatures
- 6 radis
- 6 oignons verts (partie verte et blanche), en tranches
- 1 bouquet de ciboulette (facultatif)
- Petits brins de menthe ou de basilic frais
- Sel de mer et poivre noir fraîchement moulu

Soupe aux pois à la menthe

Les petits pois fraîchement écossés sont fortement recommandés pour la confection de cette soupe, mais vous pouvez aussi tricher en utilisant des pois surgelés que vous ferez cuire un peu moins longtemps. La soupe épaissira en refroidissant ; ne vous inquiétez donc pas si elle est un peu claire après la cuisson.

• Chauffer l'huile dans une casserole, ajouter la pancetta et frire jusqu'à ce qu'elle soit croustillante. Égoutter sur du papier absorbant.

• Cuire les petits pois dans le four à micro-ondes à allure élevée environ 4 min, jusqu'à ce qu'ils soient tendres. Verser dans le mélangeur, ajouter 250 ml (1 tasse) de bouillon, le sel et le poivre. Réduire en purée, ajouter le bouillon restant et mélanger à nouveau. Rectifier l'assaisonnement et ajouter de l'eau bouillante ou du bouillon si la soupe est trop épaisse.

• Verser dans des tasses ou des verres résistant à la chaleur. Parsemer de menthe fraîche ciselée et de pancetta.

- 1 c. à soupe d'huile d'olive
- 8 tranches de pancetta
- 600 g (20 oz) de petits pois frais, écossés
- 1 litre (4 tasses) de bouillon de poulet bouillant
- Sel de mer et poivre noir fraîchement moulu
- Menthe fraîche

Caviar à la cuillère

Environ 8 portions

Pour la plupart des gens, le caviar est un véritable luxe. Servez-le au début de la fête avec un petit verre de vodka glacée. Le champagne et le vin blanc seront aussi très appréciés. Une boîte de caviar de 50 g peut servir 8 personnes. Le Beluga est toujours très apprécié, mais le Sevruga, moins coûteux, fera très bien l'affaire si vous attendez plusieurs invités. Ne servez jamais le caviar dans une cuillère de métal. Les cuillères de bois, de porcelaine ou même de plastique sont préférables. Plusieurs bouchées peuvent être servies dans des cuillères ou dans des feuilles (p. 84 à 87).

• À l'aide d'une petite cuillère de plastique, prélever une cuillerée de caviar en prenant soin de ne pas briser les œufs.

• Déposer le caviar dans une cuillère de service (ne pas utiliser de cuillères de métal).

• Répéter jusqu'à épuisement du caviar.

• Servir dans une assiette rectangulaire de préférence.

VARIANTE

• Essayez cette recette avec des œufs de truite, de thon, de lompe, de meunier ou d'oursin vert.

Fromage de chèvre à la cuillère

Ⓥ

- 240 g (8 oz) de fromage de chèvre
- 125 ml (½ tasse) de crème
- 1 bouquet de ciboulette ciselée
- Sel et poivre noir fraîchement moulu

- Dans un petit bol, mélanger le fromage de chèvre, la crème, la ciboulette, le sel et le poivre.

- À l'aide d'une cuillère à melon ou d'une petite cuillère à crème glacée plongée dans l'eau bouillante, prélever des boules de fromage et les déposer dans des cuillères de porcelaine chinoise ou des cuillères à thé que l'on mettra au fur et à mesure sur un plateau de service.

Salade épicée thaïlandaise à la cuillère

- 2 c. à café (2 c. à thé) de jus de citron vert fraîchement pressé
- 2 c. à café (2 c. à thé) de sauce de poisson ou de sauce soja
- 1 c. à café (1 c. à thé) de sucre
- 2 piments chilis rouges hachés
- 480 g (1 lb) de chair de crabe cuite

- Dans un bol, mélanger le jus de citron vert, la sauce de poisson, le sucre et les piments. Remuer jusqu'à dissolution du sucre, puis incorporer la chair de crabe. Déposer dans des cuillères que l'on mettra au fur et à mesure sur un plateau de service.

Saumon à la cuillère

- 240 g (8 oz) de saumon gravlax haché finement
- 4 c. à soupe de ciboulette fraîche ciselée
- Caviar de saumon kéta ou œufs de poisson volant (exocet)
- Crème fraîche ou crème sure (facultatif)

- Dans un bol, mélanger le saumon et la ciboulette. Remplir les cuillères avec ce mélange, aplatir légèrement le dessus et couvrir avec un peu de caviar de saumon kéta ou des œufs de poisson volant. On peut napper les différentes couches avec un peu crème fraîche ou de crème sure.

Œufs de caille à la trempette épicée

12 bouchées Ⓥ

PRÉPARATION

Les œufs de cailles sont bien jolis, mais il est souvent difficile de les écaler. Pour vous faciliter la tâche, vous devez percer la coquille ainsi que la membrane dure située en dessous. Si vous n'en trouvez pas, vous pouvez les remplacer par des petits œufs de poule coupés en deux.

• Dans une casserole, déposer les œufs, couvrir d'eau froide et porter à ébullition. Laisser mijoter 3 min, éteindre le feu et égoutter. Couvrir les œufs d'eau froide.

• Écaler les œufs sous l'eau froide. Dresser dans une assiette de service avec un bol contenant les assaisonnements choisis.

VARIANTE

• Écaler les œufs et les servir dans des petits paniers avec une quantité égale d'olives noires conservées dans l'huile.

- 12 œufs de caille
- Au choix : 2 c. à soupe de sel de céleri, du sel mélangé avec du poivre ou des piments chilis broyés, sept-épices japonais, furikake ou trempette au choix (p. 34 à 37)

Tomates séchées au four

24 bouchées Ⓥ

• Couper les tomates en deux à l'horizontale et les évider de leur partie centrale coriace à l'aide d'un petit couteau bien affûté. Mettre sur une plaque à pâtisserie. Saupoudrer chaque demi-tomate avec une pincée de sucre et un peu de sel de mer. Insérer deux éclats d'ail au centre.

• Griller les tomates environ 1 h dans le four préchauffé à 200 °C (400 °F). Vérifier la cuisson après 30 min, puis 45 min. Quand les tomates commencent à perdre leur forme et à brunir tout en étant encore fermes, elles sont idéales pour garnir des pizzas et des bruschettas ou être servies comme mets d'accompagnement.

• Si on les fait cuire environ 15 min de plus, elles seront suffisamment séchées pour être servies en bouchées, comme on peut le voir sur la photo (p. 24).

- 12 grosses tomates cerises ou 12 tomates prunes miniatures
- Sucre
- Sel de mer
- 2 ou 3 gousses d'ail, en tranches fines (facultatif)

Huîtres sur glace

INGRÉDIENTS

- Huîtres fraîches
- Algues
- Sel de mer
- Quartiers de citron

PRÉPARATION

Quoi de meilleur qu'un plateau d'huîtres de fraîcheur impeccable?

• Servez les huîtres sur un lit d'algues et de sel de mer. À l'aide d'un couteau, les détacher de leur coquille. Entourer de quartiers de citron.

• Servir avec du champagne frappé ou du vin blanc, mais jamais de whisky.

Soupe aux patates douces

24 portions Ⓥ

- 1 oignon, haché finement
- 2 gousses d'ail, écrasées
- 2,5 cm (1 po) de gingembre frais, râpé
- 2 tiges de citronnelle, hachées finement
- 2 piments chilis rouges ou 1 c. à soupe de pâte de cari rouge thaï
- 1 c. à soupe de jus de citron vert
- 3 c. à soupe d'huile d'arachide
- 480 g (1 lb) de patates douces
- 500 ml (2 tasses) de lait de coco en conserve
- 500 ml (2 tasses) de bouillon de poulet ou de légumes
- Sel et poivre noir fraîchement moulu

SERVICE
- Zeste de citron vert, finement râpé
- Piments chilis rouges, en fines tranches

Une soupe tropicale très colorée dans laquelle vous pouvez remplacer les patates douces par du potiron ou de la citrouille.

• Mettre les oignons, l'ail, le gingembre, la citronnelle, les piments, le jus de citron vert et 2 c. à soupe d'huile d'arachide dans le mélangeur ou le moulin à épices. Réduire en purée.

• Chauffer un wok, verser l'huile restante et cuire le mélange 5 min sans laisser brûler.

• Ajouter les patates douces, le lait de coco et le bouillon. Laisser mijoter à découvert jusqu'à ce que les patates douces soient tendres.

• Réduire en purée au mélangeur. Assaisonner au goût, réchauffer au besoin et servir dans des tasses ou des verres résistant à la chaleur. Parsemer de zeste de citron vert et de piments.

Œufs de caille à la trempette épicée

Tomates séchées au four

Huîtres sur glace

Crevettes au mojo de piment chili

Crevettes au mojo mexicain

- 1 à 3 crevettes crues ou cuites par personne (selon la grosseur)
- Mojo mexicain (p. 37)

Un seul ingrédient essentiel : des crevettes de première fraîcheur. Choisissez-les minutieusement. Elles doivent être fermes et leur carapace doit être plus ou moins recourbée. Il faut d'abord les déveiner avant de les faire cuire.

• Amener une grande casserole d'eau salée à ébullition à laquelle on peut ajouter une feuille d'algue kombu qu'on retirera juste avant l'ébullition. Cuire les crevettes environ 3 min, jusqu'à ce que la chair soit opaque.

• Retirer les crevettes de l'eau à l'aide d'un panier grillagé ou d'une écumoire et les plonger immédiatement dans un grand bol d'eau glacée pour arrêter la cuisson. (Ne pas les laisser tremper trop longtemps sinon elles perdront leur goût.) Laisser refroidir les crevettes égouttées sur de la glace.

• Couper les têtes, enlever la carapace mais laisser les queues intactes. (On peut conserver les têtes et les carapaces dans le congélateur pour faire une bisque ou une soupe aux fruits de mer.)

• Servir les crevettes sur un plateau ou une assiette de service avec un bol de mojo mexicain.

Fromage grillé à l'indienne

8 portions Ⓥ

PRÉPARATION   INGRÉDIENTS

- Huile d'arachide, huile de moutarde
  ou ghee (beurre clarifié) pour badigeonner
- 480 g (1 lb) de fromage paneer, haloumi
  ou provolone, en cubes de 2,5 cm (1 po)

On peut remplacer le paneer par du provolone ou du haloumi dans cette recette. Mais pourquoi ne pas opter pour la version originale…

• Huiler une poêle à frire. Griller ou sauter rapidement les cubes de fromage jusqu'à ce qu'ils soient légèrement dorés sur toutes les faces. Servir ces bouchées chaudes ou froides.

NOTE : On peut se procurer du paneer facilement dans les épiceries indiennes. Pour faire son paneer chez soi, verser 1 litre (4 tasses) de lait entier dans une casserole et porter à ébullition. Incorporer 2 c. à soupe de jus de citron frais et 2 c. à soupe de yogourt nature. Quand le lait commence à cailler, verser dans une passoire ou un chinois tapissé de mousseline et laisser égoutter pendant 3 h. Couvrir de mousseline. Placer une assiette sur le dessus, puis déposer une boîte de conserve lourde sur l'assiette. Conserver dans le réfrigérateur au moins 4 h ou de préférence toute la nuit, jusqu'à ce que le fromage commence à durcir. Découper en cubes. Laisser égoutter sur un linge propre et utiliser tel qu'indiqué dans la recette.

INGRÉDIENTS PRÉPARATION

Pois mange-tout et hoummos

6 à 8 bouchées Ⓥ

- 480 g (1 lb) de pois mange-tout (pois gourmands) ou de gourganes
- 250 ml (1 tasse) de hoummos maison ou vendu dans le commerce
- 2 c. à café (2 c. à thé) d'huile d'olive extravierge (facultatif)
- Poivre noir fraîchement moulu (facultatif)

• Équeuter et effiler les pois mange-tout avant de les couper en biais en morceaux de 2,5 à 5 cm (1 à 2 po).

• Verser le hoummos dans un petit bol, arroser le dessus d'huile d'olive et poivrer.

• Servir les pois mange-tout et le bol de hoummos sur un plateau.

Beignets de plantain

- 6 plantains verts ou jaunes ou 12 bananes vertes
- Huile de tournesol pour friture
- Assaisonnement au chili
- Trempette au chili

Je recommande l'utilisation d'un wok pour cette recette, ce qui permet d'utiliser une moins grande quantité d'huile. Mais si vous n'en avez pas, une friteuse fera tout aussi bien l'affaire. La température de l'huile devra alors être la même. Utiliser l'assaisonnement au chili parcimonieusement en pensant à vos invités qui n'aiment pas les aliments trop épicés. Les beignets se conservent jusqu'à trois jours, mais ils perdront un peu de leur caractère croustillant. Prenez toujours une huile d'arachide, de maïs ou de tournesol de qualité pour la friture.

- Pour peler les plantains, couper une de leurs extrémités et percer la pelure sur toute la longueur à l'aide d'un couteau bien affûté. Répéter 3 ou 4 fois. Passer le pouce sous la pelure qui se détachera alors facilement. On peut aussi laisser tremper les plantains dont on a percé la pelure pendant une dizaine de minutes dans l'eau chaude avant de les peler.

- À l'aide d'un couteau éplucheur ou d'une mandoline, couper de longues tranches sur la longueur. Pour obtenir des beignets plus épais, couper les tranches en biais à l'aide d'un couteau.

- Pendant ce temps, remplir un wok d'huile au tiers et chauffer jusqu'à ce qu'elle atteigne 190 °C (375 °F).

- Jeter quelques tranches de plantain dans l'huile et frire jusqu'à ce qu'elles soient croustillantes et dorées. Retirer à l'aide d'une écumoire et égoutter sur du papier absorbant.

- Quand toutes les tranches sont frites, servir immédiatement ou laisser refroidir et ranger ensuite dans un contenant à fermeture hermétique pour utilisation ultérieure.

- Saupoudrer légèrement d'assaisonnement au chili et servir dans des cornets de papier ou sur un plateau avec un plat de trempette au chili.

Fromage grillé à l'indienne

Beignets de plantain

Fish and chips

Beignets à l'antillaise

Fish and chips

Des fish and chips miniatures qui feront le bonheur de tous ! Les pommes de terre seront cuites à la perfection si vous les faites frire deux fois plutôt qu'une. Si vous n'avez pas de mandoline, coupez les pommes de terre fines comme des allumettes.

• Rassembler tous les ingrédients qui composent la pâte à tempura sans les mélanger.

• Remplir un wok d'huile au tiers et chauffer jusqu'à ce qu'elle atteigne 190 °C (375 °F). (On peut aussi utiliser une friteuse.)

• Frire une petite quantité de pommes de terre à la fois environ 2 min, jusqu'à ce qu'elles aient une couleur crème. Retirer de l'huile à l'aide d'une écumoire et laisser égoutter sur du papier absorbant. Quand toutes les pommes de terre sont prêtes, chauffer l'huile à nouveau et les frire jusqu'à ce qu'elles soient dorées et croustillantes. Égoutter sur du papier absorbant et garder au chaud dans le four.

• Nettoyer l'huile et la chauffer jusqu'à ce qu'elle atteigne 190 °C (375 °F).

• Mettre un grand bol à gauche du wok et un plateau tapissé de papier absorbant à droite. Placer le poisson à gauche du bol. Mettre les ingrédients de la pâte à tempura dans le bol et remuer rapidement avec des baguettes de bois (la pâte doit rester grumeleuse et il doit rester un cercle de farine non mélangée tout autour du bol).

• À l'aide d'une pince ou de longues baguettes, tremper chaque morceau de poisson rapidement dans la pâte et le déposer ensuite dans l'huile. Frire jusqu'à ce qu'il soit doré. Égoutter sur le papier absorbant.

• Pour servir, déposer quelques chips dans chaque cornet individuel (on peut les faire avec du papier journal tapissé de papier ciré ou sulfurisé). Ajouter un morceau de poisson. Les morceaux de poisson et les chips doivent être rangés verticalement.

• Servir immédiatement. Si on a besoin de réchauffer les fish and chips, il suffit de les mettre dans le four pendant quelques minutes en laissant la porte entrouverte afin que le papier ne brûle pas. Surveiller attentivement afin qu'ils ne deviennent pas trop chauds.

• 6 grosses pommes de terre, en julienne
• 480 g (1 lb) de filets de saumon, coupés en deux sur la longueur, puis en biais en lanières de 1,25 cm (½ po) de largeur
• Huile de tournesol, d'arachide ou de maïs pour friture

PÂTE À TEMPURA
• 45 g (1 ½ oz) de farine de maïs
• 45 g (1 ½ oz) de farine blanche
• 1 c. à café (1 c. à thé) de levure chimique (poudre à lever)
• 5 c. à café (5 c. à thé) d'huile de tournesol, de maïs ou d'arachide
• 175 ml (¾ tasse) de soda ou de bière

INGRÉDIENTS

AU CHOIX

- 480 g (1 lb) de patates douces
- 480 g (1 lb) d'ignames
- 480 g (1 lb) de potiron, égrené mais non pelé
- 480 g (1 lb) de panais
- Huile de tournesol pour friture
- Cumin ou autres épices mélangées

PRÉPARATION

- Couper les légumes choisis en fines tranches à l'aide d'une mandoline. Couper les tranches en fines lanières au besoin.

- Sauter les légumes dans l'huile puis égoutter sur du papier absorbant. Assaisonner et servir.

VARIANTE : BEIGNETS D'AUBERGINE ⓥ

- Couper les aubergines en fines tranches à l'aide d'une mandoline. Cuire à grande friture 10 min à 180 °C (350 °F) en prenant soin qu'elles ne brûlent pas. Ne pas cuire trop rapidement sinon les beignets absorberont une trop grande quantité d'huile. Déposer sur du papier absorbant à l'aide d'une écumoire et laisser égoutter. Si les beignets ne sont pas assez croustillants, augmenter la température à 190 °C (375 °F) et frire 30 sec de plus. Égoutter à nouveau et assaisonner de sel de mer.

Noix grillées

**ÉPICES FRAÎCHEMENT MOULUES
OU BROYÉES AU CHOIX**

- Bâtonnets de cannelle
- Cardamome
- Muscade
- Flocons de poivron
- Graines de sésame
- Graines de cumin
- Paprika
- Gingembre
- Poivre noir
- Zeste d'agrume râpé
- Sept-épices thaï
- Sept-épices japonais

**2 C. À SOUPE PAR PERSONNE
DE NOIX AU CHOIX**

- Arachides
- Noix de cajou
- Noix de macadamia
- Amandes
- Pacanes
- 1 c. à soupe d'huile de tournesol (facultatif)
- Sel de mer

On peut trouver des noix grillées dans toutes les épiceries, mais rien n'est plus satisfaisant que de les préparer soi-même et de les mélanger à des épices variées qui surprendront vos invités. Offrez-les dans des cornets de papier, des petits bols ou des boîtes miniatures. La quantité préparée variera selon le nombre de personnes que vous attendez, l'importance des autres bouchées qui seront servies, l'appétit des invités, etc. J'aime offrir les noix grillées tout de suite après le premier verre. Préparez de une à trois variétés de noix, mais présentez-les séparément. La règle d'or consiste à utiliser des noix fraîches et des épices fraîchement moulues.

- Briser les bâtonnets de cannelle et les réduire en poudre dans un moulin à café ou dans un mortier à l'aide d'un pilon.

- Bien essuyer le moulin, puis moudre les graines noires de cardamome. La muscade doit être râpée à l'aide d'une petite râpe spéciale.

- Pour griller les noix, chauffer une poêle à frire, ajouter une variété de noix et secouer la poêle jusqu'à ce qu'elles soient légèrement dorées et qu'elles dégagent tous leurs arômes. Il est important de bien les surveiller puisqu'elles peuvent brûler rapidement.

- Transvider dans un bol peu profond, ajouter le sel, les épices choisies ou le zeste d'agrume.

- On peut aussi griller les noix dans 1 c. à soupe d'huile de tournesol, mais les noix grillées à sec sont vraiment savoureuses et nous empêchent de consommer inutilement un surplus de matières grasses.

- Pour servir, mettre environ 2 c. à soupe de noix dans des cornets de papier, des petits bols de porcelaine ou des boîtes de papier miniatures que l'on rangera dans un panier décoratif.

Salsa mexicaine

Environ 500 ml (2 tasses) Ⓥ

La salsa mexicaine est délicieuse comme sauce trempette ou sur des bruschettas. Elle est aussi savoureuse mélangée avec du poulet et servie dans des petites feuilles de laitue.

- Griller le piment jusqu'à ce que la peau commence à boursoufler. (Si on le cuit trop longtemps, la chair deviendra amère.) Racler et jeter la peau brûlée et toutes les membranes. Hacher la chair.

- Mélanger tous les ingrédients dans un grand bol. Réduire légèrement en purée à l'aide d'une fourchette si nécessaire.

- 1 gros piment chili rouge, coupé en deux
- 1 mangue, dénoyautée et hachée
- ½ papaye, dénoyautée et hachée
- 1 petit oignon rouge, en petits dés
- Jus de deux citrons verts
- Jus d'une orange
- 2 gousses d'ail, écrasées
- 2 c. à café (2 c. à thé) de sucre semoule
- Une pincée de sel

Sauce saté

Environ 500 ml (2 tasses) Ⓥ

Si on laisse reposer cette sauce trop longtemps, on devra l'allonger avec un peu d'eau chaude avant de la servir. Comme elle renferme des arachides, n'oubliez pas d'en informer vos invités qui pourraient être allergiques et offrez-leur une sauce soja ordinaire à la place.

- Griller les arachides dans un poêle à frire sèche jusqu'à ce qu'elles brunissent sans brûler. Broyer grossièrement.

- Couvrir les piments d'eau bouillante et laisser tremper environ 30 min. Réduire les piments en purée au mélangeur avec les échalotes, l'ail, les amandes et le jus de citron.

- Chauffer l'huile dans un wok ou une poêle à frire, ajouter la purée de piments et sauter doucement environ 5 min en remuant de temps à autre. Ajouter le lait de coco et laisser mijoter à découvert sans cesser de remuer. Ajouter la purée de tamarin, le sucre, le sel et les arachides. Laisser mijoter 2 min, laisser refroidir un peu et servir.

- 125 ml (½ tasse) d'arachides ou de beurre d'arachide
- 5 piments chilis séchés
- 8 petites échalotes ou 1 gros oignon doux
- 1 gousse d'ail, écrasée
- 8 amandes
- Jus de citron ou 1 tige de citronnelle, hachée finement
- 2 c. à soupe d'huile d'arachide
- 250 ml (1 tasse) de lait de coco
- 2 c. à café (2 c. à thé) de purée de tamarin ou de jus de citron vert
- 1 c. à café (1 c. à thé) de cassonade ou de sucre roux
- Sel

Caviar d'aubergine

Environ 500 ml (2 tasses) Ⓥ

Ce plat est très populaire au Moyen-Orient, mais on trouve plusieurs variantes dans de nombreux pays.

• Préchauffer le four à 200 ºC (400 ºF). Piquer les aubergines plusieurs fois à l'aide d'une fourchette. Cuire au four environ 30 min (selon la forme et la grosseur de l'aubergine), jusqu'à ce que la peau soit noircie et que la chair soit tendre et onctueuse. (Certaines recettes traditionnelles recommandent de faire griller les aubergines sur une flamme ou sous le gril, mais la cuisson au four fait tout aussi bien l'affaire.)

• Enlever et jeter la peau noircie. Essuyer toute trace restante avec un peu d'eau. Passer la chair au robot de cuisine avec l'ail, le tahini, le jus de citron et le sel. Réduire en purée, goûter et rectifier l'assaisonnement. Transvaser dans un bol de service. Parsemer de persil et servir chaud ou à température ambiante. Si on prépare la recette la veille, conserver le plat dans le réfrigérateur, mais le laisser reposer à température ambiante pendant quelques minutes avant de servir.

• Servir le caviar d'aubergine tel quel ou encore comme trempette ou garniture à pizza (p. 62), avec du pain pita (p. 97), pour farcir des ciabatas ou accompagner des mets à base d'agneau.

VARIANTE

• On peut transformer cette recette en pesto d'aubergine en omettant le tahini.

INGRÉDIENTS

- 1 grosse aubergine
- 2 grosses gousses d'ail, écrasées
- 125 ml (½ tasse) de tahini
- 125 ml (½ tasse) de jus de citron
- Sel
- 1 petit bouquet de persil, haché finement

- 4 c. à soupe de persil plat frais, haché
- 1 c. à soupe de marjolaine ou d'origan frais, haché
- Une pincée de sel
- Une pincée de sucre
- 3 gousses d'ail, écrasées
- Zeste râpé d'un citron vert
- 125 ml (½ tasse) de jus de citron vert fraîchement pressé
- 1 gros piment chili, évidé, épépiné et haché finement
- 1 petit piment chili rouge, en tranches (facultatif)

- 3 gousses d'ail, écrasées
- 2 gros piments chilis rouges frais, épépinés et hachés finement
- 1 grosse tranche de pain frais trempée dans l'eau et essorée
- Sel
- 2 jaunes d'œufs
- 1 œuf
- Environ 125 ml (½ tasse) d'huile d'olive

- 2 gousses d'ail, écrasées
- 1 piment chili rouge, évidé et haché
- 1 c. à soupe de sucre semoule
- ½ citron vert, coupé en quartiers, épépiné et haché
- 1 ½ c. à soupe de sauce de poisson

Mojo mexicain

Environ 250 ml (1 tasse) Ⓥ

Le mojo mexicain ou espagnol est un peu plus liquide que la salsa.

- Mettre le persil, la marjolaine, le sel, le sucre, l'ail, le zeste et le jus de citron vert dans le mélangeur et réduire en purée onctueuse. Goûter et ajouter du sucre au besoin. Transvider dans un plat de service et ajouter les piments hachés.
- Goûter et ajouter quelques tranches de piment au goût. Conserver de 30 min à 3 h dans le réfrigérateur pour laisser aux ingrédients le temps de libérer leurs saveurs.

Rouille et aïoli

Environ 250 ml (1 tasse) Ⓥ

La rouille est une sauce de la cuisine provençale qui convient parfaitement aux fruits de mer. On prépare l'aïoli de la même manière en omettant toutefois les piments et le pain.

- Réduire tous les ingrédients (sauf l'huile) en purée dans le mélangeur ou un petit robot de cuisine. Ajouter l'huile goutte à goutte pour commencer, puis en mince filet pour obtenir une sauce épaisse et crémeuse.

Nuoc-cham

Environ 250 ml (1 tasse)

Le nuoc-cham est un délicieux condiment piquant, salé et épicé apprécié comme sauce trempette tout usage. Servez-le entre autres avec les Rouleaux de printemps (p. 95), les Raviolis chinois farcis au porc (p. 111), les dumplings et les dim sum.

- Réduire l'ail, les piments et le sucre en purée à l'aide d'un moulin à épices ou d'un pilon et un mortier. Ajouter le citron vert et son jus et réduire à nouveau en purée. Incorporer la sauce de poisson et environ 125 ml (½ tasse) d'eau. Servir dans des petits bols.

Pommes de terre miniatures

Environ 20 bouchées

Les pommes de terre et les légumes ne doivent pas être négligés à l'heure du cocktail. Ils ne plaisent pas uniquement aux végétariens. Si vous trouvez des pommes de terre à chair bleue ou jaune, n'hésitez pas à vous en procurer pour épater vos invités.

- Cuire les pommes de terre dans l'eau bouillante salée jusqu'à ce qu'elles soient tendres. Égoutter et remettre dans la casserole. Couvrir les pommes de terre avec une serviette de papier, puis mettre le couvercle de la casserole. Réserver environ 3 min, jusqu'à ce qu'elles soient duveteuses. Laisser refroidir un peu et couper en deux sur la longueur.

- Éliminer les parties tachetées ou noircies de la pelure. Couvrir avec la garniture choisie et servir.

VARIANTE

- Faire cuire les pommes de terre dans le four préchauffé à 200 °C (400 °F) environ 20 min, jusqu'à ce qu'elles soient tendres. Sortir du four, laisser refroidir 1 ou 2 min puis, à l'aide d'un couteau bien affûté, faire une croix sur la pelure. Presser ensuite la pomme de terre sur les côtés. La croix s'ouvrira comme une fleur. Napper avec la garniture choisie.

- 480 g (1 lb) de pommes de terre miniatures

AU CHOIX
- Crème sure et caviar de saumon kéta ou autre
- Fromage de chèvre et ciboulette
- Fromage à la crème et piment chili
- Avocat et bacon
- Chutney à la mangue ou aux cornichons
- Pesto vert ou rouge
- Caviar d'aubergine (p. 36)

Tortillas de pommes de terre

INGRÉDIENTS

- 750 g (1 lb 9 oz) de pommes de terre
- 375 ml (1 ½ tasse) d'huile d'olive
- Sel
- 6 œufs
- 2 poivrons rouges, pelés, évidés, épépinés et coupés en dés (facultatif)

PRÉPARATION

Ces tapas sont parmi les plus simples et les plus satisfaisants qui soient. Un vrai régal qui nous arrive directement d'Espagne.

• Peler et rincer les pommes de terre avant de les couper en cubes de 1,25 cm (½ po). Bien éponger.

• Chauffer l'huile dans une poêle à frire, ajouter les pommes de terre et cuire à couvert de 20 à 30 min en remuant de temps à autre. Les morceaux doivent être tendres sans être colorés.

• Retirer de la poêle et laisser égoutter dans un chinois. Saler légèrement.

• Battre les œufs légèrement à l'aide d'une fourchette. Mélanger doucement avec les pommes de terre et les poivrons.

• Jeter l'huile restée dans la poêle. Verser un mince filet d'huile d'olive, ajouter les pommes de terre et agiter la poêle à quelques reprises. Cuire environ 2 min, jusqu'à ce que les œufs soient cuits.

• Couvrir la poêle avec un grand couvercle. Tenir ensuite le couvercle d'une main et la poêle de l'autre. Renverser la tortilla sur le couvercle puis la faire glisser à nouveau dans la poêle. Cuire l'autre côté de 1 à 2 min. Laisser refroidir dans une grande assiette avant de la découper en carrés de 2,5 cm (1 po). Servir avec des bâtonnets à cocktail.

Pommes de terre à la mode du Yunan

Cette recette originaire du sud-ouest de la Chine plaira à tous les palais à condition que vous utilisiez de l'assaisonnement au chili pas trop piquant. Achetez des petites pommes de terre de 10 cm (4 po) pour cette recette.

• Mélanger l'assaisonnement au chili et le sel dans une assiette.

• Cuire les pommes de terre dans l'eau bouillante salée jusqu'à ce qu'elles soient tendres. Rincer. Tenir une pomme de terre dans un linge sec puis retirer la pelure avec un couteau. Quand les pommes de terre sont toutes pelées et encore humides, les passer dans le sel épicé en le faisant pénétrer légèrement. Réserver.

• Remplir un wok d'huile au tiers et chauffer jusqu'à ce qu'elle atteigne 190 °C (375 °F) (on peut aussi utiliser une friteuse en suivant les indications du fabricant). Ajouter les pommes de terre par petites quantités à la fois et frire de 2 à 3 min, jusqu'à ce qu'elles soient dorées.

• Retirer les pommes de terre à l'aide d'une écumoire, égoutter et servir dans une assiette, un bol ou un panier.

PRÉPARATION

INGRÉDIENTS

- 4 c. à soupe d'assaisonnement au chili
- 2 c. à soupe de sel
- 1 kg (2 lb) de petites pommes de terre, non pelées
- Huile d'arachide pour friture

Asperges grillées

- Huile d'olive
- 1 à 3 pointes d'asperge par personne
- Sel de mer

Les asperges grillées ont un goût remarquable, mais vous pouvez aussi les cuire à l'étuvée ou dans le four à micro-ondes. Mettez-les ensuite dans l'eau froide, égouttez-les et plongez-les enfin dans un bol rempli d'eau glacée. Égouttez-les et servez-les avec du parmesan fraîchement râpé, du sel de mer, de l'Aïoli (p. 37) ou de l'huile de piment chili mélangée avec du vinaigre de riz.

• Badigeonner une poêle à fond cannelé avec de l'huile d'olive. Ajouter les asperges et les presser à l'aide d'une spatule. Cuire 2 min de chaque côté, jusqu'à ce qu'elles soient *al dente*. Dresser dans une assiette de service.

• On peut aussi faire cuire les asperges 2 min dans le four à micro-ondes ou dans une marguerite. Vérifier la cuisson ; les asperges doivent être fermes et croquantes. Prolonger le temps de cuisson si nécessaire. Servir immédiatement ou les plonger dans un grand bol d'eau glacée pour arrêter la cuisson. Égoutter, plonger à nouveau dans l'eau glacée, égoutter encore et dresser dans une assiette.

• Les asperges refroidies peuvent être conservées de 1 à 2 h si on prend soin de les couvrir avec de la pellicule plastique.

Dattes farcies au fromage de chèvre

20 bouchées Ⓥ

- 20 dattes dénoyautées
- 300 g (10 oz) de fromage de chèvre doux crémeux

• Découper le fromage en 20 morceaux de même grosseur et farcir généreusement les dattes.

Canapés de concombre

Environ 40 canapés Ⓥ

- 1 long concombre de 4 cm (1 ½ po) de diamètre en tranches de 6 mm (¼ po) d'épaisseur
- Un gros bouquet de menthe
- Huile de sésame

OMELETTE AUX PETITS POIS
- 180 g (6 oz) de petits pois frais, écossés
- 6 œufs
- Sel et poivre fraîchement moulu
- Beurre ou huile d'olive pour friture

Certains prétendent qu'il s'agit des canapés végétariens les plus extraordinaires qui soient. À vous de juger !

• Pour préparer l'omelette, cuire les petits pois 2 min à allure élevée dans le four à micro-ondes ou 3 min dans une marguerite, jusqu'à ce qu'ils soient tendres. Battre les œufs dans un bol avec le sel, le poivre et 125 ml (½ tasse) d'eau.

• Chauffer une poêle à frire épaisse ou une poêle antiadhésive et chauffer le beurre de 1 à 2 min.

• Étaler la moitié des petits pois dans le fond et verser rapidement la moitié des œufs. Cuire l'omelette et faire glisser dans une grande assiette. Laisser refroidir. Procéder de la même manière pour faire une deuxième omelette.

• Découper les omelettes en carrés un peu plus petits que les tranches de concombre ou les découper en cercles à l'aide d'un petit emporte-pièce. Dresser les tranches de concombre sur un plateau et couvrir chacune avec un morceau d'omelette, une feuille de menthe et une goutte d'huile de sésame.

Pommes de terre à la mode du Yunan

Asperges grillées

Dattes farcies au fromage de chèvre

Canapés de concombre

TOASTS, BRIOCHES, TARTELETTES ET CÔNES

Vous pouvez servir des garnitures extraordinaires de mille et une manières. Les recettes de ce chapitre sont interchangeables. Libre à vous de les offrir à vos invités sur des toasts ou dans des brioches, des tartelettes ou des cônes de pâte feuilletée. Les bruschettas et les smörrebröds peuvent être préparés avec des ingrédients que vous aurez préparés à la maison ou achetés au marché. La base sur laquelle reposeront les garnitures choisies doit être suffisamment petite pour qu'on puisse tenir les bouchées sans difficulté d'une seule main. Le pain baguette et la ciabata permettent de préparer des bouchées de la bonne grosseur et ils absorbent facilement le liquide contenu dans les garnitures sans que les bouchées deviennent détrempées ou ramollies.

Toasts croustillants et bruschettas grillées

Environ 30 bouchées Ⓥ

INGRÉDIENTS
PRÉPARATION

• 1 baguette ou 4 petites ciabatas, en tranches de 1,25 cm (½ po)

Ces petits morceaux de pain grillé peuvent être garnis de mille et une façons. Laissez-vous inspirer par les suggestions que je vous propose ici.

• Pour préparer les toasts croustillants, réchauffer le four à 200 °C (400 °F). Déposer les tranches de pain sur une plaque à pâtisserie et mettre au four jusqu'à ce qu'elles commencent à dorer. (Bien surveiller la cuisson ; ne pas les laisser sécher sinon elles s'effriteront.)

• Sortir du four et laisser refroidir sur une grille. On peut les conserver jusqu'à une semaine dans un contenant à fermeture hermétique. Il suffira de les passer au four quelques minutes avant de les servir.

• Pour préparer les bruschettas, mettre les tranches de baguette ou de ciabata dans une poêle à fond cannelé ou sur la grille du barbecue. Cuire jusqu'à ce qu'elles soient grillées et quadrillées.

GARNITURES POUR BRUSCHETTAS

• Choisissez vos garnitures préférées parmi les suivantes :

Fines tranches de prosciutto
Copeaux de parmesan
Câpres
Anchois
Tomates cerises, coupées en deux

Marmelade d'oignon

Vous serez étonné par la versatilité de cette marmelade que vous aimerez servir sur des pizzas ou dans des tartelettes, des hot-dogs, des hamburgers, des petites feuilles de laitue ou d'endive.

• Mettre les oignons, l'huile, la feuille de laurier et le sucre dans une grande poêle à frire à feu moyen. Couvrir et laisser mijoter environ 15 min à feu doux, en remuant de temps à autre, jusqu'à ce que les oignons commencent à ramollir (une pincée de sel facilitera l'opération).

• Enlever le couvercle, verser le vinaigre, la crème de cassis et le piment de la Jamaïque. Cuire environ 15 min de plus, sans cesser de remuer, jusqu'à ce que les oignons soient transparents. Laisser refroidir et conserver dans un contenant à fermeture hermétique jusqu'au moment de servir. On peut garder cette marmelade un jour ou deux dans le réfrigérateur.

- 1 kg (2 lb) d'oignons (rouges de préférence), coupés en deux et en tranches très fines
- 125 ml (½ tasse) d'huile d'olive
- 1 feuille de laurier
- 1 c. à soupe de sucre
- Une pincée de sel
- 1 c. à soupe de vinaigre de vin rouge
- 1 c. à soupe de crème de cassis
- ¼ c. à café (¼ c. à thé) de piment de la Jamaïque moulu (facultatif)

Pâté de foie d'agneau

En Australie, on préfère le foie d'agneau au foie de porc pour faire le pâté. Cette recette ne laissera personne indifférent.

• Émincer le foie d'agneau et le bacon séparément à l'aide du robot de cuisine. Mélanger avec l'œuf, le sel, le poivre, le piment de la Jamaïque et les anchois. Conserver au froid.

• Pendant ce temps, faire fondre le beurre dans une casserole. Incorporer la farine et cuire 1 min. Ajouter le lait lentement et cuire jusqu'à épaississement. Laisser refroidir et incorporer les oignons. Mélanger avec la viande réservée.

• Transvider dans une grande terrine. Couvrir avec une feuille de papier d'aluminium, mettre le couvercle et déposer la terrine dans une lèchefrite. Remplir celle-ci d'eau à moitié et la mettre dans le four préchauffé à 200 °C (400 °C). Cuire 20 min, puis enlever le couvercle et le papier. Cuire à découvert 20 min de plus. Une fois cuit, le pâté se détachera des parois de la terrine. Laisser refroidir et conserver dans le réfrigérateur jusqu'au lendemain.

- 480 g (1 lb) de foie d'agneau, dénervé, paré, coupé en tranches épaisses puis haché
- 240 g (8 oz) de bacon, coupé finement
- 1 œuf
- 1 c. à café (1 c. à thé) de sel
- 2 c. à café (2 c. à thé) de poivre noir fraîchement moulu
- 2 c. à café (2 c. à thé) rases de piment de la Jamaïque
- 2 filets d'anchois, pilés à l'aide d'une fourchette
- 1 c. à soupe de beurre
- 1 c. à soupe de farine
- 250 ml (1 tasse) de lait
- 2 gros oignons, hachés finement

INGRÉDIENTS

- 1 pain de seigle léger carré, avec ou sans croûtes, en tranches
- Beurre légèrement salé

GARNITURE
- Pâté de foie d'agneau (p. 48), Betteraves épicées (p. 52) et persil
- Petites crevettes, zeste de citron et brins d'aneth
- Saumon poché ou fumé, crème fraîche et aneth haché
- Hareng mariné, laitue et œufs durs
- Jambon fumé, fromage bleu et ciboulette

PRÉPARATION

Longtemps avant les Italiens, les Danois ont su mettre en valeur les petites tranches de pain garnies de manière originale. Au Danemark, la tradition veut que l'on utilise des tranches de pain de seigle rectangulaires coupées en deux. Si vous coupez ces rectangles en deux, vous obtiendrez des petits carrés qui feront des bouchées de grosseur idéale à l'heure du cocktail.

• Beurrer le pain légèrement. Couper chaque tranche en deux pour obtenir des rectangles, puis encore en deux pour faire des carrés. Napper avec les garnitures choisies et servir immédiatement. Le beurre empêchera le pain de devenir détrempé par la garniture.

Bagels miniatures

64 bagels (V)

- Dans un grand bol, mélanger la farine, le sel et la levure sèche (si on en utilise) et faire un puits au centre.

- Si on utilise de la levure fraîche, l'émietter dans un petit bol. Dans un autre bol, mélanger le lait et 125 ml (½ tasse) d'eau tiède. Verser de 1 à 2 c. à soupe dans la levure et mélanger jusqu'à consistance crémeuse. Ajouter le sucre et le lait restant. Remuer jusqu'à dissolution du sucre.

- Battre légèrement le blanc d'œuf. Verser les ingrédients liquides dans le puits. Ajouter le beurre fondu et le blanc d'œuf. Bien remuer jusqu'à consistance lisse. Incorporer la farine graduellement pour obtenir une pâte lisse et non collante. Si la pâte est trop sèche, ajouter un peu d'eau tiède, 1 c. à soupe à la fois. Si la pâte est trop collante, ajouter de la farine, 1 c. à soupe à la fois.

- Renverser la pâte sur un plan de travail légèrement fariné et pétrir 10 min, jusqu'à consistance lisse et très élastique. (On peut aussi mélanger la pâte 5 min à basse vitesse à l'aide du batteur à main muni de crochets pétrisseurs.) Déposer la pâte dans un bol légèrement graissé et la retourner pour l'enduire sur toutes les faces. Couvrir avec une pellicule plastique légèrement beurrée ou un linge humide. Laisser lever la pâte environ 1 h 30 à température ambiante, jusqu'à ce qu'elle ait doublé de volume.

- Faire dégonfler la pâte et la couper en deux. Couper chaque moitié en quartiers, puis chaque quartier en huit morceaux, pour obtenir un total de 64 morceaux. Couvrir avec de la pellicule plastique huilée pour empêcher la pâte de sécher.

- Donner à chaque morceau de pâte la forme d'une saucisse de 5 cm (2 po) de longueur. Effiler les bouts, badigeonner avec un peu d'eau et ramener les bouts ensemble pour former un cercle parfait.

- Déposer les cercles de pâte au fur et à mesure sur une plaque à pâtisserie graissée en laissant suffisamment d'espace entre eux. Couvrir et laisser lever environ 1 h, jusqu'à ce qu'ils aient doublé de volume.

INGRÉDIENTS

- 480 (1 lb) de farine à pain blanche non blanchie et un peu plus pour saupoudrer
- 1 ½ c. à café (1 ½ c. à thé) de sel
- 15 g (½ oz) de levure fraîche ou 7 g (¼ oz) de levure sèche en sachet
- 125 ml (½ tasse) de lait tiède
- 1 c. à café (1 c. à thé) de sucre
- 1 œuf, séparé
- 30 g (1 oz) de beurre, fondu
- Huile végétale

GARNITURE
- Graines de sésame
- Graines de pavot

• Amener une grande casserole d'eau à ébullition, puis baisser le feu pour qu'elle mijote. Ajouter les bagels (six à neuf à la fois) et pocher 15 sec pour les faire gonfler. Retirer à l'aide d'une écumoire, secouer pour enlever l'excédent de liquide et remettre sur la plaque à pâtisserie.

• Mélanger le jaune d'œuf avec 1 c. à soupe d'eau et utiliser cette dorure pour badigeonner les bagels. On peut laisser les bagels nature ou les parsemer de graines de sésame ou de pavot.

• Cuire dans le four préchauffé à 200 °C (400 °F) pendant 15 min, jusqu'à ce qu'ils soient gonflés et dorés. Laisser refroidir sur une grille. Faire pocher une deuxième quantité de bagels pendant que la première est en train de cuire au four.

· Conserver jusqu'à trois jours dans un contenant à fermeture hermétique.
· Mettre les bagels dans un sac, étiqueter et congeler jusqu'à un mois.
· Décongeler à température ambiante.
· Réchauffer 5 min dans le four chaud avant de les couper en deux et de les garnir.

Betteraves épicées

Voici un accompagnement de choix pour le pâté de foie d'agneau. Ces betteraves seront aussi appréciées avec de nombreux autres mets. Stérilisez les bocaux en les lavant dans le lave-vaisselle et remplissez-les pendant qu'ils sont encore chauds. Si vous servez ces betteraves comme bouchées, tranchez-les finement à l'aide d'une mandoline ou d'un couteau éplucheur.

- 1 kg (2 lb) de petites betteraves, bouillies
- 1 c. à soupe de clous de girofle entiers
- 3 bâtons de cannelle, en morceaux
- 250 ml (1 tasse) de vinaigre de vin blanc
- 160 ml (²/₃ tasse) d'eau
- 160 ml (²/₃ tasse) de sucre

- Parer et peler les betteraves cuites.

- Découper en fines tranches et déposer dans des bocaux stérilisés. Ajouter les clous de girofle et les bâtons de cannelle.

- Dans une petite casserole, mettre le vinaigre, l'eau et le sucre. Porter à ébullition et laisser mijoter jusqu'à dissolution du sucre. Verser dans les bocaux pour couvrir parfaitement les betteraves. Fermer les bocaux immédiatement. Ces betteraves se conservent jusqu'à une semaine.

Bouchées de bagels

Si vous pouvez trouver des bagels miniatures, n'hésitez pas à en acheter pour vous faciliter la tâche. Sinon la recette de la page 50 vous sera très utile.

- 64 Bagels miniatures (p. 50)
- 360 g (12 oz) de fromage à la crème
- 240 g (8 oz) de saumon fumé, en fines lanières ou de caviar de saumon kéta
- Poivre noir fraîchement moulu

- Couper les bagels en deux et les tartiner avec 1 c. à café (1 c. à thé) de fromage à la crème. Couvrir avec une lanière de saumon fumé pliée en deux ou une grosse cuillerée de caviar de saumon kéta. Poivrer. Refermer les bagels et servir sur un plateau.

On sert traditionnellement les bagels avec :

· du hareng et des œufs durs hachés

· du foie et des œufs durs hachés

· des oignons espagnols et des œufs durs liés avec du hareng

Pains à hamburgers et à hot-dogs miniatures

- 700 g (23 oz) de farine à pain blanche non blanchie
- 1 ½ c. à café (1 ½ c. à thé) de sel de mer
- 60 g (2 oz) de beurre, refroidi et coupé en dés
- 1 à 2 c. à café (1 à 2 c. à thé) de sucre semoule
- 400 ml (1 ²/₃ tasse) de lait tiède et un peu plus pour badigeonner
- 15 g (½ oz) de levure fraîche ou 7 g (¼ oz) de levure sèche en sachet
- 1 œuf moyen à température ambiante, légèrement battu

GARNITURES
- Farine ordinaire
- Graines de sésame
- Graines de carvi
- Graines de fenouil
- Graines de pavot
- Flocons d'avoine roulée

Ces pains ont été conçus pour contenir les petites saucisses ordinaires ou à hot-dogs vendues dans la plupart des épiceries et des boucheries.

• Mettre la farine, le sel et la levure sèche (si on en utilise) dans un grand bol. Ajouter le beurre et travailler la pâte du bout des doigts pour obtenir de fines miettes. Incorporer le sucre et faire un puits au centre.

• Si on utilise de la levure fraîche, l'émietter dans un petit bol avec 1 à 2 c. à soupe de lait chaud. Remuer pour obtenir une pâte lisse. Ajouter le lait restant et bien remuer.

• Verser le liquide contenant la levure ainsi que les œufs dans le puits. Incorporer la farine graduellement pour obtenir une pâte lisse et non collante. Si la pâte est trop sèche, ajouter un peu d'eau tiède, 1 c. à soupe à la fois. Si la pâte est trop collante, ajouter de la farine, 1 c. à soupe à la fois.

• Renverser la pâte sur un plan de travail légèrement fariné et pétrir 10 min, jusqu'à consistance lisse, soyeuse et élastique. (On peut aussi mélanger 5 min à vitesse moyenne à l'aide du batteur à main muni de crochets pétrisseurs.) Déposer la pâte dans un bol légèrement fariné et couvrir avec une pellicule plastique légèrement beurrée ou un linge humide. Laisser lever la pâte environ 1 h 30 à température ambiante, jusqu'à ce qu'elle ait doublé de volume.

• Faire dégonfler la pâte, la renverser sur un plan de travail et la pétrir légèrement pendant 2 min. Découper la pâte en deux. Utiliser un morceau pour faire des pains à hamburgers et l'autre pour faire des pains à hot-dogs.

PAINS À HAMBURGERS

• Couper la pâte en morceaux de la grosseur d'une noisette et façonner en petites boules. Déposer celles-ci côte à côte sur des plaques à pâtisserie graissées. Couvrir et laisser reposer environ 30 min, jusqu'à ce qu'elles aient doublé de volume.

suite →

PAIN À HOT-DOGS

• Couper la pâte en morceaux de la grosseur d'une noisette et façonner en petites boules. Rouler celles-ci en petits cylindres de 2,5 cm (1 po) de longueur et les mettre côte à côte sur des plaques à pâtisserie graissées. Couvrir et laisser reposer environ 30 min, jusqu'à ce qu'elles aient doublé de volume.

CUISSON

• Badigeonner le dessus avec un peu de lait et couvrir avec les garnitures choisies ou laisser tel quel.

• Cuire dans le four préchauffé à 200 ºC (400 ºF) pendant 15 min, jusqu'à ce que les pains soient gonflés et dorés. Remettre au four 5 min si nécessaire. Si les pains cuisent trop rapidement, les couvrir avec du papier d'aluminium.

• Sortir du four et laisser refroidir sur une grille. Couper en deux et garnir selon les indications des p. 56 et 57.

· Conserver jusqu'à trois jours dans un contenant à fermeture hermétique.
· Mettre les pains dans un sac, étiqueter et congeler jusqu'à un mois.
· Décongeler à température ambiante.
· Réchauffer 5 min dans le four chaud avant de les couper en deux et de les garnir.

Bagels miniatures

Pains à hamburgers miniatures

Muffins de maïs à la pancetta, à l'avocat et à la coriandre

Blinis

Hot-dogs miniatures

40 bouchées

Ces bouchées sont inspirées des pölsers danois, les hot-dogs les plus réputés au monde!

• Pour préparer les saucisses, amener une grande casserole remplie d'eau à ébullition. Retirer du feu. Plonger les saucisses dans l'eau environ 3 min pour les réchauffer. Retirer à l'aide d'une écumoire.

• Si on utilise du chorizo ou d'autres saucisses semblables, chauffer l'huile dans une poêle à frire, ajouter les saucisses et faire sauter doucement jusqu'à ce qu'elles soient bien cuites. Réserver au chaud.

• Pendant ce temps, réchauffer les pains dans le four préchauffé à 200 °C (400 °F) environ 5 min. Retirer du four et ouvrir les pains sur la longueur sans détacher les deux parties.

• Pour servir, égoutter les saucisses et les couper en deux sur la longueur. Mettre 1 c. à café (1 c. à thé) d'oignons frits et une demi-saucisse dans chaque pain. Refermer et garnir de moutarde ou de ketchup avant de servir.

- 20 saucisses miniatures (Francfort, chorizos ou merguez)
- 1 c. à soupe d'huile d'olive (facultatif)
- 40 Pains à hot-dogs miniatures (p. 53)
- Oignons frits croustillants (facultatif)
- Choix de moutardes variées (allemande, Dijon, Meaux, anglaise)
- Ketchup

Hamburgers miniatures

INGRÉDIENTS PRÉPARATION

INGRÉDIENTS

- 40 Pains à hamburgers miniatures (p. 53)
- Sauce barbecue ou sauce chili
- Feuilles tendres de laitue et fines herbes fraîches
- 10 tomates cerises, en tranches
- 4 oignons nouveaux, en fines rondelles
- 40 cornichons miniatures (gherkins)

FRICADELLES

- 480 g (1 lb) de bœuf maigre haché finement (ou moitié porc, moitié bœuf)
- 4 échalotes ou petits oignons, finement hachés
- 3 gousses d'ail, écrasées
- 1 piment chili rouge, épépiné et finement haché
- 1 œuf battu
- Une pincée de muscade fraîchement moulue
- 4 c. à soupe de chapelure fraîche
- Sel et poivre noir fraîchement moulu
- Huile d'arachide pour la friture

PRÉPARATION

• Mettre tous les ingrédients qui composent les fricadelles dans un bol, sauf l'huile. Bien mélanger. Façonner 1 c. à soupe de cette préparation en forme de galette. Procéder ainsi jusqu'à épuisement des ingrédients.

• Chauffer une fine couche d'huile dans une poêle à frire épaisse jusqu'à ce qu'elle soit très chaude. Déposer quelques fricadelles en les séparant bien les unes des autres. Cuire de 2 à 3 min, en les retournant à mi-cuisson, jusqu'à ce qu'elles soient bien cuites.

• Retirer de la poêle, égoutter sur du papier absorbant et réserver au chaud pendant que l'on fait cuire les autres fricadelles.

• Réchauffer les pains comme dans la recette précédente et les ouvrir, si possible, sans détacher les deux parties. Verser quelques gouttes de sauce barbecue sur chaque pain. Ajouter une feuille de laitue, une fricadelle, une tranche de tomate et une rondelle d'oignon. Refermer le pain et le maintenir fermé à l'aide d'un gros cure-dent sur lequel on aura d'abord piqué un cornichon.

Muffins de maïs à la pancetta, à l'avocat et à la coriandre

Environ 42 muffins

• Mettre la semoule de maïs, la farine, la levure chimique et le sel dans un grand bol et bien mélanger. Incorporer les œufs, le lait, le beurre, les piments et les oignons. Remuer brièvement.

• À l'aide d'une petite cuillère, remplir aux deux tiers 24 moules à muffins miniatures. Cuire environ 15 min dans le four préchauffé à 200 °C (400 °F), jusqu'à ce qu'ils soient fermes et légèrement dorés. Sortir du four et laisser refroidir sur une grille.

• Graisser les moules à nouveau et procéder de la même manière jusqu'à épuisement de la pâte.

• Pour préparer la garniture, chauffer l'huile dans une poêle à frire. Ajouter la pancetta et cuire jusqu'à ce qu'elle soit croustillante. Égoutter sur du papier absorbant.

• Au moment de servir, couper le dessus des muffins. Découper l'avocat en fines tranches de 1,25 cm (½ po), puis en quartiers de même grosseur que les muffins. Arroser de citron pour empêcher de noircir. Si l'avocat est très mûr, prélever plutôt la chair à l'aide d'une petite cuillère. Mettre un morceau d'avocat sur chaque muffin. Couvrir avec une tranche de pancetta et une feuille de coriandre. Replacer la partie supérieure du muffin et faire tenir à l'aide d'un cure-dent si nécessaire.

VARIANTE : GARNITURE AU BEURRE DE FROMAGE DE CHÈVRE

• Mélanger à part égale du fromage de chèvre mou et du beurre. Façonner un rouleau de 1,25 cm (½ po) de diamètre et laisser raffermir dans le réfrigérateur. Découper en cercles, puis assembler avec la pancetta comme dans la recette principale.

• 210 g (7 oz) de semoule de maïs
• 210 g (7 oz) de farine ordinaire
• 1 c. à soupe de levure chimique (poudre à lever)
• Une pincée de sel
• 2 gros œufs, légèrement battus
• 300 ml (1 tasse + 3 c. à soupe) de lait
• 3 c. à soupe de beurre fondu
• 2 piments chilis rouges frais, épépinés et hachés finement
• 3 oignons verts (partie verte et blanche), en fines tranches

PANCETTA, AVOCAT ET CORIANDRE
• 1 c. à soupe d'huile d'olive
• 12 fines tranches de pancetta ou de bacon marbré, coupées en biais en morceaux de 4 cm (1 ½ po)
• 2 gros avocats mûrs
• Jus de citron
• Feuilles de coriandre fraîche

· Conserver jusqu'à deux jours dans un contenant à fermeture hermétique.
· Mettre les muffins dans un sac, étiqueter et congeler jusqu'à un mois.
· Décongeler 20 min à température ambiante. Réchauffer 5 min dans le four chaud avant de les couper en deux et de les garnir.

INGRÉDIENTS PRÉPARATION

INGRÉDIENTS

- 150 g (5 oz) de farine de sarrasin (ou moitié farine de sarrasin et moitié farine de blé)
- 7 g (1/4 oz) de levure sèche en sachet
- 1 c. à café (1 c. à thé) de sel
- 1 œuf, séparé
- 1 c. à café (1 c. à thé) de sucre
- 175 ml (3/4 tasse) de lait tiède
- 1 c. à soupe de beurre

GARNITURE
- Crème fraîche ou crème sure
- Petits pots de caviar et/ou de saumon kéta
- Fines herbes (ciboulette, fenouil)
- Environ 4 morceaux de saumon fumé, en fines tranches

PRÉPARATION

Les blinis ont été créés en Russie, mais ils ont vite conquis le monde entier. Comme ils ne font que 4 cm (1 1/2 po) de diamètre, ils peuvent être dégustés en une seule bouchée. Les blinis vendus dans le commerce contiennent rarement de la farine de sarrasin de premier choix. Voici une recette authentique qui fera toute la différence.

• Dans un bol, mélanger la farine, la levure et le sel. Faire un puits au centre. Fouetter le jaune d'œuf avec le sucre et 175 ml (3/4 tasse) d'eau chaude. Verser sur les ingrédients secs et bien remuer. Couvrir avec un linge humide et laisser reposer à température ambiante environ 2 h, jusqu'à ce que la pâte ait doublé de volume.

• Incorporer le lait pour obtenir une pâte épaisse et collante. Couvrir à nouveau et laisser reposer 1 h, jusqu'à ce que de petites bulles se forment à la surface.

• Battre le blanc d'œuf jusqu'à formation de pics mous et les incorporer à la pâte.

• Chauffer une poêle à frire ou une poêle à crêpes épaisse et badigeonner le fond avec du beurre.

• Verser environ 1 c. à café (1 c. à thé) de pâte dans la poêle pour faire une crêpe de 2,5 cm (1 po) de diamètre. Faire cuire quelques crêpes à la fois, selon la grosseur de la poêle. Cuire 2 ou 3 min, jusqu'à ce que des bulles se forment à la surface, puis retourner les blinis à l'aide d'une spatule. Cuire environ 2 min de l'autre côté.

• Réserver dans le four chaud pendant la cuisson des autres blinis (ne pas les empiler).

• Pour servir, napper avec une grosse cuillerée de crème fraîche, du fenouil ou de la ciboulette, du caviar, du saumon kéta ou du saumon fumé. Servir les blinis chauds.

· Ces blinis se conservent jusqu'à trois jours dans un contenant hermétique.
· Réchauffer 5 min dans le four préchauffé à 200 °C (400 °F).

PIZZAS, BARQUETTES ET FEUILLETÉS

Les pizzas peuvent devenir un élément de base de votre menu de fête. Transformez vos pizzas préférées en versions miniatures et remplissez des barquettes de pâte avec des garnitures toutes plus originales les unes que les autres. Encore une fois, soyez audacieux et laissez-vous tenter par des mariages d'ingrédients et des présentations qui peuvent varier à l'infini.

Pâte à pizza maison

100 pizzas miniatures de base Ⓥ

• Dans un grand bol, mélanger la farine, la levure sèche (si on en utilise) et le sel et faire un puits au centre.

• Si on utilise de la levure fraîche, l'émietter dans un petit bol et mélanger jusqu'à consistance crémeuse. Incorporer environ 275 ml (1 tasse + 2 c. à soupe) d'eau tiède et verser dans le puits. Verser l'huile et travailler les ingrédients pour obtenir une pâte souple mais non collante. Si la pâte est trop sèche, ajouter un peu d'eau tiède, 1 c. à soupe à la fois. Si la pâte est trop collante, ajouter de la farine, 1 c. à soupe à la fois.

• Renverser la pâte sur un plan de travail légèrement fariné et pétrir 10 min, jusqu'à consistance lisse et très élastique. (On peut aussi mélanger la pâte 5 min à base vitesse à l'aide du batteur à main muni de crochets pétrisseurs.) Renverser dans un bol propre fariné, couvrir avec de la pellicule plastique ou un linge humide et laisser reposer à température ambiante environ 1 h, jusqu'à ce que la pâte ait doublé de volume.

• Dégonfler la pâte, la pétrir rapidement et l'abaisser à 3 mm (⅛ po) d'épaisseur. Découper des cercles de pâte à l'aide d'un emporte-pièce de 5 cm (2 po). Déposer sur des plaques à pâtisserie graissées en laissant un peu d'espace entre eux. Aplatir les cercles de pâte avec les doigts légèrement huilés pour qu'ils aient 6 cm (2 ⅓ po) de diamètre.

• Couvrir avec la garniture choisie et cuire de 10 à 15 min dans le four préchauffé à 220 °C (425 °F). Servir immédiatement.

- 480 g (1 lb) de farine à pain blanche non blanchie et un peu plus pour saupoudrer
- 2 c. à café (2 c. à thé) de sel
- 15 g (½ oz) de levure fraîche ou 7 g (¼ oz) de levure sèche en sachet
- 1 c. à soupe d'huile d'olive

· On peut précuire la pâte à pizza 5 min à 220 °C (425 °F), la laisser refroidir et la conserver jusqu'à deux jours dans un contenant hermétique. Juste avant de servir, couvrir avec la garniture et cuire au four de 10 à 15 min.

· Pour congeler la pâte à pizza, la couvrir et la conserver jusqu'à un mois dans le congélateur.

· Décongeler à température ambiante environ 15 min, ajouter la garniture et cuire au four.

· On peut aussi couvrir la pâte non cuite avec la garniture choisie (sauf le fromage), la cuire au four 5 min, la laisser refroidir, puis la congeler.

· Décongeler la pâte à température ambiante environ 15 min et terminer la cuisson au four.

INGRÉDIENTS

- 4 pâtes à pizza vendues dans le commerce de 25 cm (9 po) de diamètre ou 28 Pizzas miniatures de base (p. 62)
- Huile d'olive
- Choix parmi les garnitures proposées ci-après

PRÉPARATION

• Si on utilise la Pâte à pizza maison (p. 62), découper des cercles de pâte avec un verre ou un emporte-pièce de 4 cm (1 ½ po). Déposer sur des plaques à pâtisserie. Badigeonner avec de l'huile d'olive et couvrir avec les garnitures choisies. Cuire dans le four préchauffé à 200 °C (400 °F) environ 5 min ou jusqu'à ce que la garniture soit très chaude.

• Si on utilise du fromage comme garniture, badigeonner d'abord la pâte avec de l'huile d'olive et cuire au four environ 3 min. Ajouter le fromage et réchauffer 1 ou 2 min, jusqu'à ce qu'il soit fondu sans être coulant.

VARIANTE

• Au lieu d'utiliser de la pâte à pizza maison ou achetée dans le commerce, on peut utiliser des tranches de pain grillées découpées en cercles avec un verre ou un emporte-pièce.

GARNITURES À PIZZA

• Pesto rouge, 1 lanière poivron jaune grillé, ½ Tomate séchée au four (p. 22), feuilles de thym frais. Ⓥ

• Cuire la pâte 5 min, couvrir avec une couche épaisse de Caviar d'aubergine (p. 36), des pignons grillés et du poivre noir fraîchement moulu. Ⓥ

• Fromage fontina, anchois, pesto rouge.

• Fromage fontina, lanières de pancetta et poivre noir fraîchement moulu.

• Poivron jaune grillé, artichauts miniatures grillés. Ⓥ

• Tomates séchées (p. 22), huile d'olive, fromage fontina et estragon frais. Ⓥ

• Poivron rouge grillé, feuilles de sauge frites. Ⓥ

• Anchois, mozzarella fondue, origan séché.

• Marmelade d'oignon (p. 48) et Tomates séchées au four (p. 22) ou poivre noir fraîchement moulu et sel de mer. Ⓥ

• Champignons sautés, gruyère, gorgonzola et mozzarella. Ⓥ

• Thon frais en flocons, oignons verts, câpres.

• Fines tranches d'aubergine grillées, Tomates séchées au four (p. 22), fines herbes. Ⓥ

Pâte à tartelettes

Environ 36 fonds de tartelettes ou 18 barquettes ⓥ

INGRÉDIENTS

- 200 g (1 tasse) de farine ordinaire
- 1 c. à café (1 c. à thé) de sel
- ¼ c. à café (¼ c. à thé) de sucre
- 120 g (4 oz) de beurre non salé, refroidi et coupé en dés
- 1 œuf
- 1 c. à soupe de lait

• Mélanger la farine, le sel et le sucre à l'aide du robot de cuisine. Ajouter le beurre et mélanger jusqu'à l'obtention de fines miettes. Mettre l'œuf et lait dans un petit bol et battre légèrement à l'aide d'une fourchette. Verser dans le robot de cuisine et actionner l'appareil à quelques reprises. Mélanger ensuite jusqu'à ce que la pâte forme une boule. Envelopper la boule dans de la pellicule plastique et laisser refroidir dans le réfrigérateur de 30 min à 1 semaine.

FONDS DE TARTELETTES

• Pétrir rapidement la pâte refroidie pour l'assouplir, puis l'abaisser à 6 mm (¼ po) d'épaisseur sur une surface légèrement farinée. Découper des cercles de 5 cm (2 po) à l'aide d'un emporte-pièce ordinaire ou cannelé. Rassembler les restes de pâte et former d'autres cercles pour ne rien gaspiller. Couvrir de pellicule plastique.

• Mettre un cercle de pâte au fond de chaque moule à muffin et presser contre les parois pour bien tapisser tout l'intérieur du moule. Piquer le fond avec une fourchette. (Garder les cercles de pâte non utilisés dans la pellicule plastique.)

• Cuire dans le four préchauffé à 190 °C (375 °F) environ 15 min, jusqu'à ce que la pâte soit légèrement dorée. Sortir du four, laisser refroidir quelques minutes et démouler sur une grille. Essuyer les moules et recommencer la même chose avec les cercles de pâte restants.

• Remplir les fonds avec une ou quelques garnitures des p. 68 et 69 et cuire tel qu'indiqué dans la ou les recettes choisies.

- · Utiliser immédiatement ou conserver jusqu'à une semaine dans un contenant hermétique.
- · Pour congeler les fonds de tartelettes, laisser congeler quelques minutes sur une plaque puis transvider dans des sacs à congélation. Sceller, étiqueter et conserver jusqu'à un mois.
- · Réchauffer les fonds de tartelettes congelés 5 min dans le four préchauffé à 190 °C (375 °F). Laisser refroidir avant de remplir de garniture.
- · Pour faire cuire la garniture directement dans les fonds de tartelettes, laissez refroidir les fonds à température ambiante environ 20 min, les remplir de garniture et les cuire au four en suivant les indications de la recette choisie.

FONDS DE BARQUETTES

- Pétrir rapidement la pâte refroidie pour l'assouplir, puis l'abaisser à 3 mm (⅛ po) d'épaisseur sur une surface légèrement farinée. Placer un petit moule à barquette à l'envers sur l'abaisse. À l'aide d'un couteau bien affûté, découper la pâte autour du moule en laissant une bordure de 1,25 cm (½ po) tout autour. Presser la pâte dans le moule et enlever le surplus de pâte inutile. Recommencer jusqu'à épuisement de la pâte. Rassembler les restes de pâte et former d'autres barquettes pour ne rien gaspiller.

- Piquer le fond avec une fourchette et laisser refroidir 30 min.

- Découper des morceaux de papier ciré (sulfurisé) et les presser dans les moules pour couvrir la pâte. Remplir de riz ou de haricots secs crus. Déposer les moules sur une plaque à pâtisserie et cuire 15 min dans le four préchauffé à 190 °C (375 °F).

- Enlever le papier et le riz et cuire au four de 5 à 10 min de plus, jusqu'à ce que la pâte soit légèrement dorée. Laisser refroidir 2 ou 3 min avant de démouler sur une grille.

- Essuyer les moules et recommencer la même chose avec la pâte restante.

> · Si on congèle les fonds de barquettes, il faut les laisser décongeler avant de les remplir de garniture et de les faire cuire au four.

Tartelettes et barquettes
aux trois garnitures

Vous pouvez acheter des barquettes et des fonds de tartelettes préparés, mais peut-être aimerez-vous les confectionner vous-même en suivant la recette de la page 66. On doit d'abord les remplir avec un appareil de base avant de les garnir. Laissez aller votre imagination. Voici quelques idées fort appétissantes.

• Préparer les barquettes ou les fonds de tartelettes. Pour faire la garniture de base, battre l'œuf, le jaune d'œuf et la crème.

ASPERGES ET PROSCIUTTO

• Chauffer l'huile dans une poêle à frire. Ajouter le prosciutto et sauter jusqu'à ce qu'il soit croustillant. Égoutter sur du papier absorbant. Ajouter les oignons et faire dorer jusqu'à ce qu'ils soient tendres.

• Pendant ce temps, cuire les pointes d'asperge à la vapeur ou dans le four à micro-ondes quelques minutes, jusqu'à ce qu'elles soient *al dente*. Couper en morceaux de 1 cm (½ po).

• Remplir les barquettes ou les fonds de tartelettes avec le prosciutto, les oignons, les asperges et le parmesan. Verser l'appareil de base. Cuire dans le four préchauffé à 180 °C (350 °F) environ 10 min, jusqu'à ce que la garniture soit cuite et que la croûte soit dorée. Sortir du feu, laisser refroidir 5 min et servir.

APPAREIL DE BASE ⓥ
• 1 œuf
• 1 jaune d'œuf
• 175 ml (³/₄ tasse) de crème épaisse (35 %)

AU CHOIX
• Fromage de chèvre et origan
• Fines herbes fraîches hachées et parmesan
• Poivrons grillés et olives noires
• Saumon fumé et aneth
• Cheddar et bacon fumé
• Petits pois verts, jambon et menthe
• Tomates séchées au four (p. 22) et brins de basilic frais
• Champignons sautés et feuilles de thym frais
• Barquettes d'agneau (p. 114)
• Poulet rôti en lanières, maïs sucré et piment chili
• Crevettes et oignons verts

ASPERGES ET PROSCIUTTO
• 2 c. à soupe d'huile de maïs
• 6 tranches de prosciutto, coupées en biais
• 1 oignon, finement haché
• 45 à 75 g (1 ½ à 2 ½ oz) de pointes d'asperge
• 45 g (1 ½ oz) de parmesan, fraîchement râpé

POIREAUX, FETA ET OLIVES NOIRES Ⓥ

- 1 c. à soupe de beurre ou d'huile de maïs
- 210 g (7 oz) de poireaux nains, coupés en biais en fines tranches
- 45 g (1 ½ oz) de feta, émiettée
- 60 g (2 oz) d'olives, dénoyautées et coupées en deux

FROMAGE BLEU, PIGNONS ET BASILIC Ⓥ

- 45 g (1 ½ oz) de pignons
- 60 g (2 oz) de fromage bleu, haché
- 2 ou 3 brins de basilic frais
- Poivre noir fraîchement moulu

POIREAUX, FETA ET OLIVES NOIRES

• Chauffer le beurre dans une poêle à frire. Ajouter les poireaux et cuire jusqu'à ce qu'ils soient tendres et transparents. Remplir les barquettes avec les poireaux, les olives et la feta. Verser l'appareil de base. Cuire dans le four préchauffé à 180 °C (350 °F) environ 10 min, jusqu'à ce que la garniture soit cuite et que la croûte soit dorée. Sortir du feu, laisser refroidir 5 min et servir.

FROMAGE BLEU, PIGNONS ET BASILIC

• Chauffer une poêle à frire, ajouter les pignons et faire dorer. Remplir les barquettes avec le fromage, verser l'appareil de base et couvrir avec les pignons. Cuire comme pour la recette précédente. Servir avec des brins de basilic et du poivre.

- Les fonds de tartelettes et les barquettes peuvent être préparés à l'avance et congelés. Il suffit de les faire décongeler selon la méthode décrite à la page 66.
- Les fonds de tartelettes et les barquettes congelés retrouveront leur caractère croustillant si on les passe au four 5 min à 190 °C (375 °F). Laisser refroidir et garnir tel que décrit précédemment.
- On peut garnir les tartelettes ou les barquettes avec la garniture choisie (sauf l'appareil de base parce qu'il contient des œufs) jusqu'à 3 h à l'avance. Au moment de servir, ajouter l'appareil de base et cuire tel que décrit dans la recette principale.

Pailles au fromage épicées

Tartelettes et barquettes aux trois garnitures

Sablés épicés

Spirales aux anchois

- 180 g (6 oz) de beurre non salé, ramolli
- 75 g (2 ½ oz) de cassonade ou de sucre roux
- Une pincée de sel
- 250 g (1 tasse) de farine ordinaire, tamisée
- 30 g (1 oz) de farine de riz ou de farine de maïs

SABLÉS AU PIMENT CHILI
- 1 c. à café (1 c. à thé) d'assaisonnement au chili

SABLÉS AU GINGEMBRE
- ½ c. à café (½ c. à thé) de gingembre moulu
- 30 g (1 oz) de gingembre confit en conserve, haché finement
- 2 c. à soupe de sirop de gingembre

SABLÉS ÉPICÉS
- 2 c. à café (2 c. à thé) d'épices mélangées

Dégustez ces sablés tels quels ou avec du fromage de chèvre, de la Marmelade d'oignon (p. 48), du fromage à la crème mélangé avec du gingembre confit et son sirop ou encore avec l'une des suggestions de la page 87.

• À l'aide d'une cuillère de bois ou du batteur électrique, réduire le beurre et le sucre en pommade.

• Pour faire des sablés au piment chili, ajouter l'assaisonnement au chili. Pour faire des sablés au gingembre, ajouter le gingembre moulu, le gingembre confit et le sirop. Pour faire des sablés épicés, ajouter les épices mélangées.

• Ajouter le sel, la farine et la farine de riz et mélanger pour obtenir une pâte ferme.

• On peut aussi mettre tous les ingrédients dans le robot de cuisine et mélanger jusqu'à formation d'une pâte. Envelopper dans de la pellicule plastique et laisser refroidir de 1 h à 1 semaine.

• Au moment de faire cuire, pétrir la pâte rapidement pour l'assouplir. Abaisser la pâte à 6 mm (¼ po) d'épaisseur sur un plan de travail légèrement fariné. À l'aide d'un emporte-pièce rond ou du bord d'une flûte à champagne, découper la pâte en cercles de 4 cm (1 ½ po). Rassembler les restes de pâte, pétrir à nouveau et rouler pour former d'autres cercles de pâte.

• Déposer les cercles de pâte sur des plaques à pâtisserie graissées en laissant un peu d'espace entre eux. Cuire au four préchauffé à 180 °C (350 °F) environ 12 min, jusqu'à ce qu'ils commencent à dorer. Laisser refroidir environ 3 min. Déposer les sablés sur une grille et laisser refroidir complètement.

· Les sablés refroidis peuvent être conservés jusqu'à une semaine dans un contenant hermétique.
· Pour congeler, mettre les sablés non cuits entre des feuilles de papier ciré (sulfurisé). Quand les sablés sont congelés, les ranger dans un sac à congélation hermétique. Étiqueter et conserver jusqu'à un mois dans le congélateur.
· La pâte non cuite peut aussi être congelée jusqu'à un mois. Décongeler dans le réfrigérateur toute la nuit avant de pétrir et de rouler la pâte.
· Pour cuire la pâte congelée, déposer les cercles sur des plaques à pâtisserie graissées et cuire à 180 °C (350 °F) de 12 à 15 min, jusqu'à ce qu'ils soient dorés.

Spirales aux anchois

- 50 g (1 ³/₄ oz) de filets d'anchois en conserve, hachés finement
- 480 g (1 lb) de pâte feuilletée fraîche ou décongelée
- 1 œuf battu

Servez ces spirales avec du pesto rouge, du relish ou une autre garniture qui saura vous inspirer. Les spirales refroidies peuvent être conservées jusqu'à trois jours dans un contenant hermétique.

• Mettre les anchois dans un mortier, ajouter 1 c. à café (1 c. à thé) d'eau et réduire en purée à l'aide du pilon. Continuer d'ajouter de l'eau jusqu'à ce que la purée soit suffisamment liquide pour être badigeonnée.

• Abaisser la pâte feuilletée sur un plan de travail fariné à 6 mm (¼ po) d'épaisseur.

• À l'aide d'un pinceau à pâtisserie, badigeonner entièrement la pâte avec une mince couche de purée d'anchois.

• Badigeonner les bords de la pâte avec l'œuf battu.

• En commençant par le bord le plus près de soi, rouler la pâte en forme de saucisse de 3 cm (1 ¼ po) d'épaisseur et presser les bords pour bien sceller. Laisser refroidir 30 min.

• Découper la pâte en biais en tranches de 6 mm (¼ po) d'épaisseur et déposer sur des plaques à pâtisserie antiadhésives légèrement humectées avec de l'eau.

• Cuire au four à 200 °C (400 °F) de 10 à 12 min, jusqu'à ce que les spirales soient dorées et croustillantes. Laisser refroidir environ 3 min. Déposer les spirales sur une grille et laisser refroidir complètement.

Pailles au fromage épicées

INGRÉDIENTS

- 150 g (³/₄ tasse) de farine ordinaire
- ½ c. à café (½ c. à thé) de sel
- 1 c. à café (1 c. à thé) de moutarde sèche
- 45 g (1 ½ oz) de cheddar, râpé
- 2 c. à soupe de parmesan, fraîchement râpé
- 60 g (2 oz) de beurre froid, en dés
- 1 jaune d'œuf
- Jus d'un demi-citron
- Paprika (facultatif)

PRÉPARATION

Ces pailles au fromage sont meilleures que celles qu'on trouve dans le commerce et elles sont très faciles à faire. Les pailles refroidies peuvent être conservées jusqu'à trois jours dans un contenant hermétique.

- Mettre la farine, le sel, la moutarde, le cheddar et le parmesan dans le robot de cuisine et mélanger. Ajouter le beurre et mélanger pour obtenir des miettes fines.

- Mélanger le jaune d'œuf et le jus de citron dans un petit bol. Verser dans le robot de cuisine pendant que le moteur continue de tourner. La pâte doit former une boule. Renverser la pâte sur un plan de travail fariné et pétrir rapidement pour former une boule.

- Abaisser la pâte en forme de rectangle de 6 mm (¼ po) d'épaisseur. À l'aide d'un couteau bien affûté chaud, découper la pâte en languettes de 1,25 x 8 cm (½ x 3 po). Tordre les languettes pour former des spirales et les déposer sur des plaques à pâtisserie en laissant un peu d'espace entre elles.

- Cuire dans le four préchauffé à 180 °C (350 °F) environ 10 min, jusqu'à ce qu'elles soient dorées. Sortir du four, saupoudrer de paprika et laisser refroidir sur les plaques à pâtisserie.

VARIANTE

- Rouler de la pâte feuilletée vendue dans le commerce jusqu'à ce qu'elle soit très mince. Saupoudrer de parmesan fraîchement râpé et de graines de moutarde. Plier la pâte et la rouler à nouveau. La replier légèrement et la découper en lanières. Tordre les languettes pour former des spirales et les déposer sur des plaques à pâtisserie en laissant un peu d'espace entre elles. Presser les bouts des languettes et cuire au four tel que décrit précédemment.

Cônes feuilletés

24 cônes Ⓥ

Si vous n'avez pas de moules à cornets à la crème, utilisez une plaque à pâtisserie beurrée. Si vous prenez de la pâte décongelée, rappelez-vous que vous ne pourrez pas la congeler à nouveau sans d'abord la faire cuire.

• Mettre la farine, le sel et le beurre dans le robot de cuisine et réduire en fines miettes. Ajouter le jaune d'œuf et de 1 à 3 c. à soupe d'eau. Mélanger jusqu'à formation d'une pâte. On peut aussi mélanger le beurre dans la farine et le sel avec le bout des doigts, puis ajouter le jaune d'œuf et suffisamment d'eau pour former une pâte.

• Sur un plan de travail légèrement fariné, abaisser la pâte en un rectangle de 35 x 25 cm (14 x 10 po) et couper l'excédent de pâte pour obtenir un rectangle parfait. À l'aide d'un couteau bien affûté ou d'une roulette à pâtisserie, couper la pâte sur la longueur en 24 lanières de 1,25 cm (½ po) de largeur.

• Badigeonner un côté de chaque lanière avec un peu de lait. Enrouler les lanières autour des moules à cornets à la crème (en commençant par le côté le plus étroit des moules) en les faisant se chevaucher légèrement (la pâte ne doit pas toucher le bord du moule). Déposer les moules à cornets sur des plaques à pâtisserie, joint tourné vers le fond. Dorer avec l'œuf battu.

• Cuire 12 cônes dans le four préchauffé à 190 °C (375 °F) de 10 à 15 min, jusqu'à ce qu'ils soient dorés. Cuire les 12 autres cônes de la même manière. Laisser refroidir quelques minutes et démouler les cônes délicatement. Laisser refroidir complètement sur une grille.

· Les cônes complètement refroidis peuvent être conservés jusqu'à trois jours dans un contenant hermétique.
· Ranger les cônes sur une plaque à pâtisserie sans les superposer et mettre dans le congélateur. Déposer les cônes congelés dans des sacs à congélation. On pourra les conserver pendant un mois.
· Laisser décongeler 20 min à température ambiante.
· Les cônes retrouveront leur caractère croustillant si on les met 5 min dans le four préchauffé à 190 °C (375 °F). Laisser refroidir et garnir tel que décrit dans la recette principale.

INGRÉDIENTS

• 180 g (1 tasse) de farine ordinaire
• Une pincée de sel
• 75 g (2 ½ oz) de beurre non salé, refroidi et coupé en dés
• 1 jaune d'œuf (facultatif)
• Lait
• 1 jaune d'œuf, battu avec un peu de lait froid

Cari de petits pois et de pommes de terre

Environ 750 ml (3 tasses) Ⓥ

- 480 g (1 lb) de pommes de terre
- 240 g (8 oz) de carottes, pelées et coupées en dés
- 120 g (4 oz) de petits pois frais ou congelés, écossés (facultatif)
- 2 c. à soupe d'huile de maïs ou de tournesol
- 2 oignons, en tranches
- 2 tomates, hachées
- 3 piments chilis rouges, épépinés et hachés finement
- 1 c. à café (1 c. à thé) de cumin moulu
- 1 c. à café (1 c. à thé) de curcuma
- Une pincée de sel

Les cônes peuvent être remplis avec le mélange de votre choix. La garniture à samosas de la page 93 vous épatera si vous aimez la cuisine indienne.

• Cuire les pommes de terre entières dans l'eau bouillante salée jusqu'à ce qu'elles soient cuites à moitié. Retirer à l'aide d'une écumoire. Ajouter les carottes et les petits pois et les cuire à moitié. Égoutter. À l'aide d'un linge propre, enlever la pelure des pommes de terre et couper la pulpe en dés.

• Chauffer l'huile dans une poêle à frire, ajouter les oignons et remuer jusqu'à ce qu'ils soient tendres et transparents. Ajouter les pommes de terre et remuer jusqu'à ce qu'elles soient légèrement dorées. Ajouter les tomates, les piments, le cumin, le curcuma et le sel. Faire sauter 2 min. Ajouter les pois et les carottes et remuer jusqu'à ce qu'ils soient tendres (voir Note). Farcir les cônes avec ce mélange et servir.

NOTE : On peut préparer la recette jusqu'à cette étape, la laisser refroidir et la réchauffer juste avant de servir. Les caris de pommes de terre ne se congèlent pas facilement, mais celui-ci est encore meilleur si on le prépare la veille. Il suffira de le réchauffer juste avant de le servir.

SUSHIS ET FEUILLES FARCIES

Les algues et les feuilles de vigne offrent l'avantage de pouvoir être servies de manières variées. On peut envelopper les ingrédients les plus exquis dans ces feuilles qui se prêtent à toutes les fantaisies culinaires. Les sushis maison sont vraiment meilleurs que ceux que l'on achète dans le commerce. Il est tellement facile de les préparer chez soi. Les feuilles de vigne et de laitue se prêtent également à plusieurs variantes et les feuilles d'endive peuvent même servir de cuillères et former des bouchées très originales. Amusez-vous en faisant alterner les garnitures et n'oubliez pas que les recettes proposées dans les pages suivantes ne sont que quelques-unes des nombreuses possibilités qui s'offrent à vous.

Riz à sushi

On peut trouver du riz à sushi dans la plupart des supermarchés et dans les épiceries orientales. N'oubliez pas d'acheter un tapis à sushi fait en bambou (makisu). *Le riz doit toujours être mesuré en volume et non en poids.*

- Laver le riz cinq fois dans l'eau froide. Laisser égoutter dans une passoire métallique au moins 30 min ou toute la nuit.

- Mettre le riz dans une casserole avec 580 ml (le même volume d'eau plus 15%). Couvrir hermétiquement et porter à ébullition à feu vif. Baisser le feu à température moyenne et laisser bouillir 10 min. Laisser mijoter 5 min à feu doux. Il est très important de ne pas soulever le couvercle.

- Laisser reposer à couvert pendant 10 min.

- Dans une casserole, mélanger le vinaigre, le sucre, le sel, le gingembre et l'ail à feu doux.

- Étaler le riz au fond d'un grand plat et remuer avec une cuillère de bois pour le faire refroidir. Mélanger les ingrédients liquides avec le riz à l'aide d'une cuillère.

- Utiliser immédiatement pendant que le riz est encore tiède. Ne pas réfrigérer puisque le froid altère les sushis. Le vinaigre contenu dans le riz conservera les sushis pendant une courte période.

- Le riz est maintenant prêt à être assemblé. Pour une fête, préparer au moins trois variétés de sushis.

VARIANTE

- Ajouter une feuille d'algue kombu, l'essuyer avec un linge propre et l'entailler à quelques reprises à l'aide d'un couteau avant de la mettre dans l'eau de cuisson du riz. Amener lentement à ébullition et la retirer juste avant que l'eau atteigne le point d'ébullition.

- 500 ml (2 tasses) de riz à sushi

VINAIGRE À SUSHI
- 125 ml (½ tasse) de vinaigre de riz japonais
- 5 c. à soupe de sucre
- 4 c. à café (4 c. à thé) de sel de mer
- Un morceau de 6 cm (2 ½ po) de gingembre frais, râpé puis pressé à l'aide d'un presse-ail
- 3 gousses d'ail, écrasées

Sushis au concombre

12 bouchées Ⓥ

INGRÉDIENTS

- 1 feuille d'algue nori, grillée
- 500 ml (2 tasses) de Riz à sushi (p. 78)
- ½ c. à café (½ c. à thé) de wasabi (moutarde de raifort)
- 1 concombre miniature, épépiné et coupé en tranches sur la longueur

PRÉPARATION

Ce mets traditionnel est toujours très prisé par les végétariens. Le riz à sushi peut être très collant. Pour qu'il soit plus facile à manipuler, les Japonais trempent d'abord leurs mains dans un bol d'eau contenant un peu de vinaigre.

- Couper la feuille d'algue en deux. Mettre un morceau sur le tapis de bambou, côté luisant vers le fond. Diviser le riz en deux et façonner chaque portion en forme de rouleau. Mettre un rouleau de riz au centre d'un morceau d'algue et rouler pour former un sushi.

- Badigeonner ¼ c. à café (¼ c. à thé) de wasabi au centre du riz et couvrir avec un morceau de concombre.

- Rouler doucement le tapis et presser délicatement, juste assez pour que le rouleau soit bien ferme. Faire un deuxième sushi avec les ingrédients restants.

- Les sushis peuvent être enveloppés dans de la pellicule plastique et laissés à température ambiante jusqu'au moment de les découper et de les servir.

- Pour servir, couper les sushis en deux à l'aide d'un couteau humide. Pour obtenir un sushi parfait, couper les extrémités. Couper chaque moitié en trois morceaux et dresser sur un plateau. Accompagner avec des petits bols remplis de tamari, de wasabi et de gingembre mariné.

Sushis variés

Choisissez de une à cinq des garnitures suivantes et déposez-les sur le riz. Si vous utilisez plus de deux garnitures, prenez une feuille d'algue entière plutôt qu'une moitié. Le rouleau doit être complété et découpé en tranches comme pour la recette principale.

- Oignons verts coupés en fines tranches sur la longueur
- Carottes coupées en fines tranches et blanchies
- Daïkon coupé en fines tranches sur la longueur
- Concombres épépinés et coupés en fines tranches sur la longueur
- Haricots verts blanchis
- Poivrons rouges et/ou jaunes évidés, épépinés et coupés en fines lanières
- Caviar de truite ou de saumon
- Poisson fumé en longs filaments
- Filets de poisson très frais, coupés en tranches et marinés 30 min dans du jus de citron vert ou du vinaigre de riz
- Crevettes cuites, déveinées et décortiquées, coupées en deux sur la longueur
- Thon cru ou grillé, en fines tranches
- 3 œufs battus, cuits en omelette mince coupée en fines tranches
- Épinards tendres blanchis
- Avocat coupé en fines tranches sur la longueur

Accompagnements

- Sauce soja
- Gingembre mariné
- Wasabi (moutarde de raifort)

Sushis aux fruits de mer

• Faire deux sushis tel qu'indiqué dans la recette précédente en utilisant toutefois des feuilles d'algue entières et non pas coupées en deux. Ne pas ajouter la garniture. Quand les rouleaux sont prêts, les façonner en rectangles. Couper chaque rouleau en six morceaux et les façonner en rectangles. Couvrir chaque morceau avec une cuillerée de caviar de saumon ou des morceaux de fruits de mer ou de poisson.

• 2 feuilles d'algues nori, grillées
• 500 ml (2 tasses) de Riz à sushi (p. 78)

GARNITURE
• Saumon fumé, caviar de truite ou de saumon, fruits de mer cuits ou poisson cru frais

Cornets de sushi

• Mettre une feuille d'algue nori sur un plan de travail, côté luisant vers le fond. Mettre 1 c. à soupe de riz sur le côté gauche de la feuille. Avec les mains humides, l'étaler légèrement pour qu'il couvre complètement la moitié de la surface. Mettre la garniture choisie en biais sur le riz en la laissant déborder du coin supérieur gauche.

• Replier la feuille de nori sur la garniture de façon à obtenir un rouleau en forme de cornet. Afin que le riz ne s'échappe pas du cornet, sceller la pointe avec une légère pression du doigt. Déposer les cornets sur un plateau au fur et à mesure.

• 4 feuilles d'algues nori de 10 x 17 cm (4 x 7 po), coupées en deux et grillées
• 1 litre (4 tasses) de Riz à sushi (p. 78)

FARCE
• Champignons enoki, saumon cru ou fumé, asperges blanchies, carottes en fines tranches, lanières de concombre, omelette fine en tranches, graines de sésame, wasabi (moutarde de raifort), gingembre mariné

Cornets de sushi

Barquettes d'endive à la salade de crabe thaï

Barquettes d'endive à la salade de hoummos

Garniture pour feuilles d'endive

Feuilles de vigne farcies

- Faire tremper le riz dans l'eau environ 30 min. Égoutter.

- Chauffer l'huile dans une poêle à frire, ajouter les oignons et l'ail et cuire jusqu'à ce qu'ils soient dorés. Ajouter les pignons et remuer de 2 à 3 min, jusqu'à ce qu'ils soient légèrement dorés. Incorporer le riz, puis ajouter 500 ml (2 tasses) d'eau, le sel, le poivre, la menthe, le piment de la Jamaïque et la cannelle. Remuer, porter à ébullition, couvrir hermétiquement, baisser le feu et laisser mijoter doucement 20 min.

- Retirer du feu; le riz doit être complètement cuit et léger. Ajouter le persil, les tomates et le sucre. Laisser refroidir. Couvrir et conserver dans le réfrigérateur jusqu'au moment de servir (pas plus de deux jours).

- Faire tremper les feuilles de vigne 15 min dans l'eau froide. Après 10 min, changer l'eau et commencer à déplier les feuilles dans l'eau. Égoutter. Amener une grande casserole d'eau à ébullition et blanchir les feuilles de 2 à 3 min. Égoutter, rincer, égoutter à nouveau et éponger avec du papier absorbant.

- Étendre les feuilles sur un plan de travail, côté luisant vers le fond. Mettre de 1 à 1 ½ c. à café (c. à thé) de garniture à une extrémité d'une feuille. Replier la feuille sur la garniture puis replier les deux autres côtés comme une enveloppe. Rouler pour former des rouleaux en veillant à ce que l'ouverture soit tournée vers le fond.

- Mettre la moitié des feuilles restantes au fond d'une grande casserole épaisse. Ajouter les feuilles de vigne farcies en les collant bien les unes contre les autres. Ajouter une couche de tranches de citron puis une autre couche de feuilles de vigne. Déposer une assiette à l'épreuve de la chaleur sur le dessus. Couvrir avec le bouillon, saler au goût et porter à ébullition. Couvrir, baisser le feu et laisser mijoter 35 min. Laisse reposer à couvert 10 min, laisser refroidir et badigeonner avec de l'huile d'olive. Servir les feuilles de vigne chaudes ou à température ambiante, mais jamais froides.

- On peut servir ces feuilles de vigne avec une sauce épicée du Moyen-Orient, du hoummos rehaussé de piment chili ou de persil ou encore avec la garniture pour Barquettes d'agneau (p. 114)

- 36 feuilles de vigne en conserve + quelques-unes pour tapisser la casserole
- Huile d'olive
- 1 ou 2 citrons, en tranches
- Bouillon de légumes ou de poulet bouillant, pour couvrir (voir méthode)

FARCE

- 150 g (1 tasse) de riz basmati
- 3 c. à soupe d'huile d'olive
- 2 oignons, hachés finement
- 3 gousses d'ail, écrasées
- 125 g (1 tasse) de pignons
- 2 c. à soupe de menthe séchée ou 4 c. à soupe d'aneth frais, haché finement
- ½ c. à café (½ c. à thé) de piment de la Jamaïque
- ½ c. à café (½ c. à thé) de cannelle moulue
- 4 c. à café (4 c. à thé) de persil frais, haché finement
- 3 tomates, pelées, épépinées et coupées en petits dés
- 1 c. à café (1 c. à thé) de sucre
- Sel et poivre fraîchement moulu

Barquettes d'endive à la salade de crabe thaï

Environ 24 bouchées

• Dans un bol, mettre un piment haché, l'ail, la citronnelle, le jus de citron vert, la sauce de poisson, le lait de coco et le sucre. Bien remuer jusqu'à dissolution du sucre. Incorporer les oignons. Rectifier l'assaisonnement au goût.

• Incorporer la chair de crabe et les fines herbes. Déposer environ 1 c. à soupe de la garniture sur la partie inférieure des feuilles d'endive. Parsemer de piment haché et de coriandre.

INGRÉDIENTS

- 2 piments chilis rouges, évidés, épépinés et hachés finement
- 1 gousse d'ail, écrasée
- 1 morceau de 5 cm (2 po) de citronnelle, haché très finement
- Jus et zeste râpé d'un citron vert
- 1 c. à soupe de sauce de poisson
- 125 ml (½ tasse) de lait de coco en conserve
- 1 c. à café (1 c. à thé) de sucre
- 1 petit oignon, 1 échalote ou 2 oignons verts, hachés finement
- 480 g (1 lb) de chair de crabe cuite ou de crevettes décortiquées, déveinées et hachées finement
- Un bouquet de basilic thaï, déchiqueté
- Un bouquet de feuilles de coriandre, déchiquetées
- Sel
- Feuilles d'endive rouge ou de trévise

Barquettes d'endive à la salade de hoummos

Environ 24 bouchées Ⓥ

• Mettre le hoummos dans un bol, puis incorporer les concombres, les tomates, les oignons, la menthe et la coriandre.

• Mettre 1 c. à soupe de cette préparation sur chaque feuille d'endive. Dresser sur un plateau et garnir avec un brin de coriandre et du zeste de citron.

- Hoummos maison ou acheté dans le commerce
- 4 concombres miniatures ou 1 gros concombre, coupés en deux, épépinés et coupés en petits dés
- 3 tomates rouges mûres, épépinées et coupées en petits dés
- 1 oignon espagnol rouge, haché finement
- 3 c. à soupe de feuilles de menthe fraîche, hachées
- 3 c. à soupe de feuilles de coriandre fraîche

SERVICE
- 24 feuilles d'endive ou de laitue
- Brins de coriandre fraîche
- Zeste d'un ou deux citrons, râpé

Garniture pour feuilles d'endive

Tous les plaisirs sont permis au moment de farcir les feuilles d'endive. Nous vous proposons quelques idées, mais les vôtres seront tout aussi intéressantes.

Au choix :

- Poulet fumé à la Salsa mexicaine (p. 34)

- Dinde en lanières, sauce aux canneberges et cresson

- Caviar d'aubergine (p. 36) parsemé de persil haché et de graines de sésame grillées Ⓥ

- Fromage de chèvre mou roulé en boules avec 1 gosse cuillerée de caviar de truite ou de saumon, poivre et zeste de citron

- Boulettes de porc et trempette au piment (p. 104), Sauce au saté (p. 34)

- Fromage de chèvre mou et fines herbes hachées Ⓥ

- Saumon fumé et crème fraîche

- Oignons et ails fondus partiellement dans le beurre ou l'huile d'olive puis mélangés avec de la ricotta Ⓥ

- Falafels (p. 106) sur lit de hommmos avec harissa et menthe Ⓥ

- Petits œufs de caille ou de poule cuits, coupés en deux, servis sur une grosse cuillerée d'Aïoli (p. 37) et parsemés de graines de pavot Ⓥ

- Bocconcinis coupés en deux et nappés de pesto rouge Ⓥ

- Fricadelles (p. 102) avec Mayonnaise au wasabi ou au raifort (p. 90) et tomates hachées

- Fines tranches de rôti de bœuf (cuisson bleue) et Mayonnaise au wabasi (p. 90)

- Lanières de poulet et chutney doux à la mangue

- Rouleaux de printemps (p. 95 et 112) et Nuoc-cham (p. 37)

POCHETTES ET SANDWICHES ROULÉS

Les garnitures composées d'aliments cuits se servent bien sous forme de pochettes et de sandwiches roulés. Des pochettes de ciabata farcies de rôti de bœuf, de laitue et de mayonnaise au wasabi combleront vos invités. Les tortillas, les pitas, les feuilles de riz et la pâte phyllo vous aideront également à créer des bouchées inspirées de la gastronomie internationale qui susciteront l'admiration de vos amis.

Pochettes de ciabata au rôti de bœuf et à la mayonnaise au wasabi

24 portions

PRÉPARATION

Ces pochettes sont croquantes et délicieuses. Plusieurs autres garnitures peuvent aussi faire l'affaire dont les Fricadelles (p. 102) et les Boulettes de porc (p. 104). La garniture proposée ici est également délicieuse avec les Smörrebröds (p. 49).

• Pour rôtir le bœuf, chauffer un poêle à frire épaisse ou une rôtissoire sur le poêle. Ajouter l'huile d'olive et faire pivoter la poêle pour couvrir entièrement le fond.

• Ajouter le filet de bœuf entier et cuire à feu vif sur les deux côtés environ 5 min, jusqu'à ce qu'il soit bien grillé. Retirer du feu.

• Préchauffer le four à sa température la plus élevée (au moins 200 °C/400 °F). Mettre la poêle dans le four et rôtir de 15 à 20 min. Retirer du four et laisser reposer quelques minutes.

• Laisser refroidir, puis découper en biais en tranches de 6 mm (¼ po). Découper en grosses lamelles et couvrir avec de la pellicule plastique.

• Pour préparer la mayonnaise, mélanger l'œuf, le jaune d'œuf, l'ail, le jus de citron et le sel dans le mélangeur ou le robot de cuisine. Ajouter l'huile (quelques gouttes à la fois pour commencer) et mélanger jusqu'à obtention d'une émulsion épaisse. Si la mayonnaise est trop épaisse, ajouter 1 c. à soupe d'eau chaude. Ajouter le wasabi et mélanger.

• Ouvrir les ciabatas pour faire des pochettes. Ajouter un peu de beurre, quelques feuilles de laitue, une ou deux lamelles de bœuf et 1 c. à café (1 c. à thé) de mayonnaise au wasabi.

INGRÉDIENTS

- 1 kg (2 lb) de filet de bœuf entier
- 2 c. à soupe d'huile d'olive
- 12 ciabatas, coupées en deux
- Beurre (facultatif)
- Mesclun de salades tendres
- Sel de mer et poivre fraîchement moulu

MAYONNAISE AU WASABI
- 1 œuf
- 1 jaune d'œuf
- 1 gousse d'ail, écrasée
- 1 c. à soupe de jus de citron
- Huile d'arachide ou de tournesol
- 1 c. à soupe de wasabi (moutarde de raifort) ou de raifort frais, râpé
- Sel de mer

• Frotter 4 poitrines de canard avec de l'huile de piment chili et du cinq-épices moulu. Griller environ 3 min à feu vif, jusqu'à ce que la peau soit croustillante. Déposer les poitrines dans une assiette.

• Mettre une feuille double d'aluminium dans un wok en prenant soin de bien couvrir les bords. Ajouter 125 ml (½ tasse) de feuille de thé chinois, 2 c. à soupe de farine nature, 4 à 6 anis étoilés, 1 c. à soupe de cassonade ou de sucre roux, un ruban de zeste d'orange fraîche ou 6 morceaux de tangerine séchée. Déposer une grille métallique sur le dessus, puis déposer le canard sur la grille, peau tournée vers le fond. Couvrir avec du papier d'aluminium et mettre le couvercle.

• Chauffer le wok jusqu'à ce que de la fumée se dégage. Faire fumer le canard de 10 à 15 min.

• Retirer le canard du wok et servir immédiatement ou laisser refroidir à température ambiante.

• Au moment de servir, découper le canard en fines tranches et servir tel qu'indiqué dans la recette précédente. Présentez ce mets exquis avec des feuilles de laitue et 1 c. à café (1 c. à thé) de sauce hoisin ou de sauce aux prunes.

NOTE : Ce mode de cuisson convient aussi remarquablement au poisson et tout particulièrement au saumon.

Pochettes de ciabata au rôti de bœuf et à la mayonnaise wasabi

Samosas

Empanaditas

Rouleaux de printemps

INGRÉDIENTS

- 2 pommes de terre, en petits dés
- 1 carotte, en petits dés
- 250 ml (1 tasse) d'huile d'arachide
- 1 petit oignon, haché
- ¼ c. à café (¼ c. à thé) de graines de nigelle (facultatif)
- 60 g (2 oz) de grains de maïs frais ou congelés
- 60 g (2 oz) de petits pois verts, écossés
- 120 g (4 oz) de Paneer (p. 26) ou de mozzarella
- 1 c. à soupe de coriandre fraîche, hachée
- 2 piments chilis rouges, évidés, épépinés et hachés
- Une pincée d'assaisonnement au chili (facultatif)
- 1 c. à café (1 c. à thé) de jus de citron vert ou de poudre de mangue (amchoor)
- ½ c. à café (½ c. à thé) de sel
- 15 feuilles de pâte phyllo
- Beurre fondu

PRÉPARATION

- Cuire les pommes de terre et les carottes dans l'eau bouillante salée de 3 à 5 min. Égoutter.

- Chauffer 3 c. à soupe d'huile dans un wok ou une casserole et cuire les oignons et les graines de nigelle jusqu'à ce que les oignons soient tendres et transparents. Ajouter les pommes de terre, les carottes, le maïs et les petits pois. Cuire 1 min.

- Incorporer le paneer, la coriandre, les piments, l'assaisonnement au chili, le jus de citron vert et le sel. Retirer du feu et laisser refroidir.

- Étendre une feuille de pâte phyllo sur un plan de travail. Couvrir les autres feuilles avec un linge humide pour les empêcher de sécher. Couper la feuille de pâte en deux et badigeonner de beurre fondu sur toute la surface. Plier chaque morceau de pâte en trois en prenant soin de badigeonner de beurre entre les couches.

- Mettre 1. c à soupe de garniture sur un coin de la pâte. Plier la pâte sur la garniture pour former un triangle. Continuer de plier la pâte jusqu'à ce que la garniture soit bien enfermée. Répéter les mêmes opérations jusqu'à ce que les feuilles de pâte et la garniture aient toutes été utilisées.

- Quand tous les samosas sont prêts, chauffer huile restante dans un wok ou une casserole. Frire deux ou trois samosas à la fois en les retournant en cours de cuisson. Retirer de l'huile et égoutter sur du papier absorbant. Servir chauds, tièdes ou froids.

VARIANTE

- Pour cuire les samosas au four, les mettre sur une plaque à pâtisserie beurrée et badigeonner avec un mélange d'huile d'arachide et de beurre fondu. Cuire dans le four préchauffé à 180 °C (350 °F) environ 15 min, jusqu'à ce qu'ils soient dorés et croustillants.

PRÉPARATION À L'AVANCE

- Cuire les samosas la veille, laisser refroidir à température ambiante et conserver dans le réfrigérateur. Réchauffer à 180 °C (350 °F) environ 10 min juste avant de servir.

Empanaditas

Environ 40 bouchées

D'origine mexicaine, les empanaditas font d'excellentes bouchées. On les prépare habituellement avec de la farine de maïs que l'on fait frire, mais pour gagner du temps vous pouvez prendre une abaisse de pâte feuilletée, comme on peut le voir sur la photo (page 92).

• Chauffer une poêle à frire antiadhésive, ajouter la viande et cuire environ 30 min en remuant de temps à autre. Ajouter les oignons et l'ail, cuire 2 min, puis ajouter le persil, le sel, le poivre, la purée de tomate, les raisins secs et les amandes. Cuire jusqu'à épaississement. Retirer du feu et incorporer le xérès. Réserver.

• Abaisser la pâte feuilletée à environ 6 mm (¼ po) d'épaisseur, puis découper des cercles à l'aide d'un emporte-pièce de 8 cm (3 po). Rouler à nouveau la pâte. Utiliser aussi les restes de pâte pour ne rien gaspiller.

• Mettre 1 c. à soupe de garniture sur chaque cercle. Plier la pâte en deux et presser les bords avec une fourchette pour bien sceller. Conserver 30 min dans le réfrigérateur.

• Déposer les empanaditas sur des plaques à pâtisserie et cuire dans le four préchauffé à 190 ºC (375 ºF) de 15 à 20 min, jusqu'à ce qu'ils soient dorés. Saupoudrer de paprika et servir avec la salsa.

- 480 g (1 lb) de bœuf haché maigre
- 1 oignon, haché finement
- 1 c. à soupe de persil frais, haché finement
- 1 gousse d'ail, écrasée
- 5 c. à soupe de xérès sec
- 250 ml (1 tasse) de pâte de tomate
- 60 g (2 oz) de raisins secs, trempés dans l'eau
- 4 c. à soupe d'amandes tranchées, grillées
- 480 g (1 lb) de pâte feuilletée maison ou décongelée
- Sel et poivre fraîchement moulu
- Paprika ou assaisonnement au chili (facultatif)
- Salsa mexicaine (p. 34) ou Mojo mexicain (p. 37)

Rouleaux de printemps

- 24 petites feuilles de riz vietnamiennes de 16 cm (6 ½ po)
- 1 petit nid de 30 g (1 oz) de nouilles à base de farine de haricot mungo trempées 20 min dans l'eau bouillante, rincées et coupées en morceaux de 5 cm (2 po)
- 3 carottes, en julienne (à l'aide d'une mandoline de préférence)
- 1 petit concombre, coupé en deux, épépiné et coupé en julienne
- 6 oignons verts, coupés en deux puis en fines tranches sur la longueur
- 2 petits paniers de champignons enoki
- Feuilles de menthe fraîche
- Feuilles de coriandre fraîche
- 1 petit paquet de germes de haricots, rincés et séchés
- 300 g (10 oz) de chair de crabe, de crevettes décortiquées et hachées ou de porc émincé sauté
- Nuoc-cham (p. 37)

Les mets vietnamiens sont remplis de saveur et moins gras que les mets chinois. Ces rouleaux peuvent être confectionnés quelques heures à l'avance, vaporisés d'eau et couverts de pellicule plastique pour les empêcher de sécher. Vos enfants ne se feront pas prier pour vous aider à les préparer.

• Mettre tous les ingrédients dans des bols séparés. Remplir un grand bol d'eau chaude. Préparer un seul rouleau à la fois.

• Tremper une feuille de riz dans l'eau environ 30 sec pour l'assouplir. Étendre la feuille dans une assiette (ne pas utiliser de planche à découper, ce qui assécherait la feuille de riz).

• Mettre une petite pincée de chacun des ingrédients au centre de la feuille, replier les côtés, puis rouler comme un cigare. (Si on décide de ne plier qu'un seul côté tel que montré sur la photo (p. 92), laisser dépasser quelques ingrédients de manière décorative.)

• Vaporiser un peu d'eau sur les rouleaux et réserver dans une assiette. Couvrir avec un linge humide pendant la préparation des autres rouleaux.

• Vaporiser les rouleaux à nouveau avec un peu d'eau et servir avec la sauce.

NOTE : On peut mélanger les nouilles avec 1 c. à soupe d'huile de sésame après les avoir fait tremper.

Tortillas farcies

40 bouchées

Les tortillas s'allient harmonieusement à un nombre infini de garnitures. N'oubliez pas de faire plaisir à vos invités végétariens. Les
tortillas à l'avocat sont simplement exquises.

• Griller les piments dans une rôtissoire ou sur le gril jusqu'à ce que
la peau soit boursouflée. Retirer la peau et découper en fines tranches.

• Défaire les blancs de poulet en longs filaments.

• Réchauffer les tortillas sous le gril (une à la fois) environ 1 min,
jusqu'à ce qu'elles soient tendres et légèrement gonflées.

• Étendre les tortillas sur un plan de travail et ajouter une couche de
chacun des ingrédients en laissant un espace d'environ 6 mm (¼ po)
tout autour. Arroser de jus de citron vert, saler et poivrer. Replier la
partie inférieure de la tortillas, puis un des côtés et rouler pour former
un rouleau. Couper en deux et servir, ouverture vers le fond. On peut
aussi les servir enveloppées dans une serviette de papier.

INGRÉDIENTS

• 2 gros piments chilis, évidés, épépinés et
coupés en deux sur la longueur
• 4 blancs de volaille, cuits
• 20 petites tortillas de blé
• 2 poivrons jaunes grillés, en tranches
• 4 Tomates séchées au four (p. 22)
• 1 laitue romaine, en lanières
• 240 g (8 oz) de ricotta
• Feuilles d'un gros bouquet de coriandre,
déchiquetées
• Jus de citron vert
• Sel et poivre fraîchement moulu

- 24 pitas miniatures ou 12 pitas moyens, coupés en deux
- Taboulé (p. 98)
- Laitue ou brins de persil
- 24 petites tranches d'agneau ou de poulet rôti ou 24 falafels ou 24 cubes de paneer ou de feta
- 2 ou 3 oignons rouges, en fines tranches
- Environ 480 g (1 lb) de tahini ou de hoummos
- Sauce au piment fort (facultatif)

Les possibilités sont infinies! Laissez-vous tenter par des pitas farcis au poulet, au canard, au paneer (p. 26) ou à l'agneau (p. 118).

• Réchauffer les pains pitas et les couper en deux s'ils sont trop grands.

• Ouvrir les pains en deux et les farcir avec une cuillerée comble de taboulé, de la laitue, quelques filaments d'agneau, une cuillerée de tahini et une goutte de sauce au piment.

• Servir dans des paniers ou des petites serviettes de table.

Souvlakis de poulet

Les différents éléments qui composent ce mets peuvent être assemblés à l'avance. Découpez les souvlakis juste avant de les servir. Vous pouvez aussi remplacer le poulet par du rôti d'agneau. La viande et le pain doivent être bien chauds. Enveloppez les souvlakis dans des serviettes de papier pour que vos invités puissent les déguster plus facilement.

• Parer la volaille ou l'agneau. Dans un bol de verre, mélanger les ingrédients qui composent la marinade. Ajouter la volaille ou l'agneau et bien enrober de marinade. Couvrir et conserver 20 min ou toute la nuit dans le réfrigérateur pour laisser aux ingrédients le temps de libérer leurs saveurs.

• Pour cuire le poulet, badigeonner une poêle à frire épaisse d'huile, ajouter les blancs de volaille égouttés et faire sauter doucement environ 7 min de chaque côté, jusqu'à ce qu'ils soient tendres. Pour cuire l'agneau, cuire les côtelettes à feu vif environ 10 min de chaque côté, jusqu'à ce qu'elles soient croustillantes à l'extérieur et rosées à l'intérieur. Retirer du feu et laisser reposer 10 min. Découper en lamelles de 6 mm (¼ po). Saler, couvrir et réserver jusqu'au moment du dressage (réchauffer si nécessaire).

• Pour le dressage, couper les pains pitas en carrés de 10 cm (4 po). Chauffer rapidement le pain et farcir avec 1 c. à café (à thé) comble de hommmos, 1 c. à soupe de taboulé, quelques lamelles de poulet ou d'agneau et un trait de sauce au piment fort. Refermer le pain pour former des petits baluchons en emprisonnant bien la garniture. Ficeler avec un morceau d'oignon vert.

· Pour préparer le taboulé, faire tremper 120 g (4 oz) de sarrasin grillé dans l'eau pendant 20 min. Égoutter. Peler, évider et hacher 2 grosses tomates. Hacher un gros bouquet de persil et un autre de menthe. Hacher finement 3 oignons verts. Mélanger tous ces ingrédients dans un bol avec 2 c. à soupe d'huile d'olive, 1 c. à soupe de jus de citron, une pincée de sel et du poivre fraîchement moulu. Rectifier l'assaisonnement si nécessaire.

INGRÉDIENTS

PRÉPARATION

• 4 blancs de volaille ou 4 côtelettes d'agneau de 2,5 cm (1 po) d'épaisseur
• Sel

MARINADE
• 4 gousses d'ail, écrasées
• 1 c. à soupe de jus de citron frais
• 1 c. à café (1 c. à thé) de graines de cumin, grillés à sec dans une poêle à frire et broyées à l'aide d'un pilon
• 1 c. à café (1 c. à thé) de poivre noir fraîchement moulu
• 2 c. à soupe d'huile d'olive extravierge

SERVICE
• 1 paquet de pain pita ou d'un autre pain sans levain
• 240 g (8 oz) de hoummos
• 120 g (3 oz) de taboulé maison ou vendu dans le commerce
• Sauce au piment fort (facultatif)
• 6 oignons verts, coupés en lanières sur la longueur et blanchis

BOULETTES, BOUCHÉES ET PETITS ROULEAUX

Les recettes suivantes ont été triées parmi les grands classiques de la cuisine internationale. Servez ces bouchées avec un bâtonnet ou un cure-dent qui servira à les tremper dans la sauce. Elles seront aussi très appréciées sur des toasts et des feuilles de laitue ou encore dans des pochettes de pain et des tortillas roulées.

Fricadelles

Ces boulettes de viande sont très populaires en Scandinavie, en Allemagne et aux Pays-Bas. J'aime leur ajouter un filet d'anchois en guise d'assaisonnement.

• Mettre les pommes de terre dans un bol avec la viande, la chapelure, la crème, l'œuf, la muscade, les anchois, le piment de la Jamaïque, une grosse pincée de sel et quelques tours de moulin à poivre. Bien remuer.

• Chauffer 1 c. à soupe de beurre dans une poêle à frire. Ajouter les oignons et sauter jusqu'à ce qu'ils soient tendres et transparents. Mélanger avec la viande.

• Avec les mains humectées, prendre 1 c. à soupe du mélange, former une boule et l'aplatir légèrement. Répéter jusqu'à épuisement des ingrédients. Dresser les fricadelles sur un plateau, couvrir avec de la pellicule plastique et conserver environ 1 h dans le réfrigérateur.

• Chauffer le beurre restant et l'huile dans une poêle à frire épaisse. Cuire les fricadelles jusqu'à ce qu'elles soient dorées sur toutes les faces. (Procéder par étapes si la poêle est trop petite.) Secouer la poêle de temps à autre. Laisser égoutter sur du papier absorbant.

• Piquer les fricadelles sur des brins de romarin ou des cure-dents.

• On peut servir les fricadelles avec la Trempette au piment (p. 104) ou dans des Pains à hamburgers miniatures (p. 53), des Pitas farcis (p. 97), des Souvlakis (p. 98), des Tortillas (p. 96) et des Ciabatas (p. 90) avec un choix de salades et de sauces.

- 75 g (2 ½ oz) de purée de pommes de terre
- 240 g (8 oz) de bœuf haché
- 120 g (4 oz) de veau haché
- 120 g (4 oz) d'agneau haché
- 75 g (2 ½ oz) de chapelure
- 60 ml (¼ tasse) de crème légère (15 %)
- 1 œuf, battu
- Une pincée de muscade fraîchement râpée
- 1 filet d'anchois en conserve, en purée
- Une pincée de piment de la Jamaïque moulu
- 3 c. à soupe de beurre
- 1 petit oignon, haché finement
- 2 c. à soupe d'huile végétale
- Sel et poivre noir fraîchement moulu
- Brins de romarin

Fricadelles

Boulettes de porc et trempette au piment à la vietnamienne

Croquettes de crabe et trempette au piment thaï

Falafels

Boulettes de porc et trempette au piment à la vietnamienne

Environ 12 bouchées

• Mélanger tous les ingrédients qui composent la trempette dans un petit bol. Remuer jusqu'à dissolution du sucre et réserver.

• Pour préparer les boulettes de porc, mettre tous les ingrédients restants dans un bol, sauf l'huile d'arachide, et bien mélanger. Avec les mains humectées, prendre 1 à 2 c. à soupe du mélange et former une boule. Répéter jusqu'à épuisement des ingrédients. Déposer les boules dans une assiette au fur et à mesure. Réserver au moins 30 min dans le réfrigérateur.

• Remplir un wok d'huile d'arachide au tiers et chauffer jusqu'à ce qu'elle atteigne 190 °C (375 °F) ou jusqu'à ce qu'un cube de pain devienne doré en 30 sec. Ajouter les boulettes de porc, six à la fois, et frire jusqu'à ce qu'elles soient dorées. Égoutter sur du papier absorbant et réserver au chaud dans le four jusqu'à ce que toutes les boulettes soient cuites. Servir avec la trempette au piment.

- 480 g (1 lb) de porc haché
- 6 gousses d'ail, écrasées
- 2 tiges de citronnelle, en fines tranches
- Un bouquet de coriandre, hachée finement
- 2 piments chilis rouges, évidés et coupés en dés
- 1 c. à soupe de cassonade ou de sucre roux
- 1 c. à soupe de sauce de poisson
- 1 œuf, battu
- Sel et poivre noir fraîchement moulu
- Huile d'arachide pour friture

TREMPETTE AU PIMENT
- 125 ml (½ tasse) de vinaigre de riz blanc
- 2 à 6 petits piments chilis, en fines tranches
- 1 c. à soupe de sauce de poisson
- 1 oignon vert, en fines tranches (facultatif)
- ½ à 1 c. à soupe de cassonade ou de sucre roux

Croquettes de crabe et trempette au piment thaï

INGRÉDIENTS

- 3 piments chilis rouges, épépinés
- 3 oignons verts, en fines tranches
- 2 gousses d'ail, écrasées
- 4 brins de coriandre fraîche, hachés finement
- Un morceau de gingembre frais ou de galanga de 2,5 cm (1 po), haché
- 6 feuilles de lime kaffir, en fines tranches ou le zeste de deux citrons verts, râpé
- 1 c. à soupe de sauce de poisson
- 240 g (8 oz) de filets de morue ou autre
- 240 g (8 oz) de chair de crabe fraîche, surgelée ou en conserve
- 2 asperges ou haricots verts, en fines tranches
- 1 nid de nouilles à base de farine de haricot mungo de 30 g (1 oz)
- 1 œuf, battu
- 2 c. à soupe d'huile d'arachide pour friture

TREMPETTE AU PIMENT CHILI
- 125 ml (½ tasse) de vinaigre de riz blanc
- 1 piment chili rouge, en fines tranches
- 1 c. à table de sauce de poisson
- 1 oignon vert, en fines tranches
- 1 c. à café (1 c. à thé) de cassonade ou de sucre roux

PRÉPARATION

Les croquettes de crabe et de poisson à la mode thaï ont maintenant leurs adeptes dans le monde entier. On peut les frire dans un wok rempli d'huile d'arachide au tiers. On peut les enrober de farine de riz avant de les faire cuire.

• Mettre les piments, les oignons verts, l'ail, la coriandre, le gingembre, les feuilles de lime et la sauce de poisson dans le robot de cuisine. Réduire en purée. Ajouter le poisson et réduire à nouveau en purée. Transvider dans un bol et incorporer la chair de crabe et les asperges.

• Faire tremper le nid de nouilles 5 min dans un bol d'eau chaude, égoutter et ciseler en morceaux de 2,5 cm (1 po). Mélanger avec le poisson et incorporer l'œuf battu. Avec les mains humectées, prendre de 1 à 2 c. à soupe du mélange pour former des croquettes.

• Chauffer l'huile dans un wok ou une poêle à frire et faire pivoter pour bien huiler les parois. Faire sauter et dorer trois croquettes à la fois. Déposer sur un plateau couvert de papier absorbant et conserver au chaud dans le four pendant la cuisson des autres croquettes.

• Mélanger tous les ingrédients qui composent la trempette dans un petit bol et servir avec les croquettes.

Falafels

Cette recette originaire du Moyen-Orient est habituellement préparée avec des pois chiches secs que l'on fait tremper. En Occident, on préfère souvent les pois chiches en conserve, ce qui rend souvent les falafels un peu trop mous pour qu'on puisse les servir en bouchées. Un plat tout désigné pour ceux qui n'aiment pas la viande.

• Faire tremper les pois chiches et les gourganes secs dans un bol rempli d'eau, couvrir et laisser reposer toute la nuit. Égoutter.

• Si on utilise des gourganes surgelées, laisser décongeler, rincer à l'eau froide et égoutter.

• Mettre les pois chiches et les gourganes dans le robot de cuisine. Ajouter le persil, la menthe, le bulghur, l'ail, l'œuf, le cumin, la cardamome, le bicarbonate de soude, le sel et le poivre. Actionner le moteur jusqu'à obtention d'un mélange grossier. Transvider dans un bol.

• Mettre les oignons verts, les poireaux et les poivrons dans le robot de cuisine et hacher très finement. Remettre le mélange de haricots dans le robot de cuisine et mélanger. (Procéder par étapes si le robot de cuisine n'est pas assez grand.)

• Laisser reposer 15 min à température ambiante, puis laisser refroidir 30 min dans le réfrigérateur.

• Avec les mains humectées, prélever un morceau de 2,5 cm (1 po) de diamètre. Façonner en boule avec les mains. Verser les graines de sésame dans une petite assiette et passer la moitié des falafels en faisant bien pénétrer les graines. Laisser les autres falafels nature.

• Verser 2,5 cm (1 po) d'huile dans un wok ou une grande poêle à frire. Chauffer jusqu'à ce qu'elle atteigne 190 °C (375 °F) ou qu'un cube de pain brunisse en 30 sec. Frire les falafels environ 2 min, jusqu'à ce qu'ils soient dorés, en prenant soin de les retourner après 1 min de cuisson.

• Égoutter sur du papier absorbant et servir avec des brins de coriandre.

INGRÉDIENTS

- 210 g (7 oz) de pois chiches secs ou 480 g (1 lb) de pois chiches en conserve, égouttés
- 210 g (7 oz) de gourganes séchées ou 480 g (1 lb) de gourganes surgelées
- 1 gros bouquet de persil, haché
- 3 c. à soupe de feuilles de menthe fraîche, hachées
- 75 g (2 1/2 oz) de bulghur, trempé 15 min dans l'eau chaude
- 4 gousses d'ail, écrasées
- 1 œuf
- 1 c. à café (1 c. à thé) de cumin moulu (facultatif)
- 1 c. à café (1 c. à thé) de graines de cardamome, écrasées ou 1 c. à café (1 c. à thé) de coriandre moulue
- 1/2 c. à café (1/2 c. à thé) de bicarbonate de soude
- Sel et poivre noir fraîchement moulu
- 3 oignons verts, hachés
- 1 poireau (partie blanche seulement) ou 1 oignon, haché
- 1 poivron rouge, épépiné et haché
- Environ 4 c. à soupe de graines de sésame
- Huile d'arachide, de maïs ou de tournesol pour friture
- Brins de coriandre fraîche

RAVIOLIS CHINOIS ET SATÉS

Ces bouchées peuvent être préparées à l'avance, ce qui vous permettra de passer plus de temps avec vos invités. Les enveloppes à raviolis chinois *(won ton)* ne servent pas exclusivement à apprêter des mets asiatiques. Épatez vos amis avec des préparations qui sortent de l'ordinaire. Les satés, servis sur des bâtonnets ou des brochettes, savent mettre le poisson, la viande et la volaille en valeur de plusieurs manières. Ne préparez pas plus de trois satés différents pour une même occasion. Servez-les tels quels ou avec l'une des délicieuses sauces des p. 34 à 37.

Baluchons à la chinoise

Environ 40 bouchées

Achetez quatre paniers et deux couvercles de bambou dans le quartier chinois. Vous pourrez en servir deux à vos invités pendant que les deux autres cuiront dans la cuisine. Servez les bols de sauce directement dans les paniers. Pour ajouter une note décorative, tapissez les paniers avec des feuilles de bananier, ce qui donnera une saveur très délicate aux mets servis.

• Réduire le porc, les crevettes et le bacon en purée dans le robot de cuisine. Ajouter le poivre, le blanc d'œuf, l'huile de sésame, l'ail et le sel. Bien remuer.

• Mettre tous les ingrédients restants dans un bol, sauf les enveloppes à raviolis chinois et la sauce.

• Ajouter la viande et bien mélanger. Couvrir et conserver dans le réfrigérateur.

• À l'aide d'un emporte-pièce ou d'un ciseau, découper les enveloppes à raviolis chinois en forme de cercles.

• Mettre 1 c. à soupe de garniture au centre de chaque cercle. Déposer un cercle de pâte dans la paume de la main et y presser un peu de garniture à l'aide d'une spatule. Plisser la pâte pour former un baluchon. Tapoter légèrement le fond du baluchon sur un plan de travail pour l'aplatir et parfaire les plis avec les doigts. Répéter jusqu'à épuisement des ingrédients.

• Étendre quelques couches de feuilles de bananier ou de papier parchemin au fond des paniers de bambou. Déposer deux paniers dans un wok. Verser suffisamment d'eau bouillante pour couvrir la base des paniers. Couvrir et cuire à l'étuvée de 7 à 10 min. Rajouter de l'eau bouillante au besoin.

• Servir les baluchons dans leurs paniers avec un ou plusieurs petits bols de sauce. Cuire les autres baluchons pendant que l'on déguste les premiers.

- 300 g (10 oz) de porc ou de poulet haché
- 45 g (1 ½ oz) de crevettes, décortiquées (facultatif)
- 2 tranches de bacon marbré fumé, haché
- 1 c. à café (1 c. à thé) de poivre du Sichuan écrasé ou de poivre noir fraîchement moulu
- 1 blanc d'œuf
- 1 c. à café (1 c. à thé) d'huile de sésame
- 2 gousses d'ail, écrasées
- Un morceau de gingembre frais de 2,5 cm (1 po), râpé
- Une pincée de sel
- 6 oignons verts (parties blanche et verte), en fines tranches
- 4 châtaignes d'eau en conserve, en petits dés
- 4 haricots chinois ou 12 haricots verts, en fines tranches
- 2 petits paquets d'enveloppes à raviolis chinois *(won ton)*
- Trempette (sauce soja, chili ou nuoc-cham) (p. 37)

Raviolis chinois farcis au porc

INGRÉDIENTS

- 240 g (8 oz) de porc haché
- 4 gousses d'ail, écrasées
- 4 châtaignes d'eau, hachées
- 4 oignons verts (partie blanche et verte) coupés en deux sur la longueur, puis en biais en fines tranches
- 1 petit paquet d'enveloppes à raviolis chinois *(won ton)*
- 1 œuf, battu avec une goutte d'eau
- Huile d'arachide ou de tournesol
- Sel et poivre noir fraîchement moulu

PRÉPARATION

On peut aussi confectionner la farce avec de la volaille ou des fruits de mer tels que le crabe ou les crevettes. Les enveloppes à raviolis chinois peuvent servir à plusieurs usages. Elles doivent être utilisées un ou deux jours après leur achat, après quoi il est recommandé de les congeler.

• Mettre le porc dans un bol avec l'ail, les châtaignes, les oignons verts, le sel et le poivre. Bien mélanger avec les mains ou à l'aide d'une cuillère.

• Sortir les enveloppes à raviolis chinois de leur sac de plastique et les couvrir avec un linge humide pour les empêcher de sécher. Mettre une enveloppe sur un plan de travail et déposer ½ c. à soupe de la garniture au centre. Badigeonner un peu d'œuf battu autour de la garniture. Relever les côtés de l'enveloppe et les plisser pour former un baluchon. Tordre les bouts pour bien le fermer. Répéter les mêmes étapes jusqu'à ce que tous les raviolis chinois soient prêts.

• Remplir un wok d'huile au tiers et chauffer jusqu'à ce qu'elle atteigne 190 °C (375 °F). Pour vérifier la température de l'huile, y jeter un petit morceau de pâte à raviolis chinois ; il remontera immédiatement à la surface si l'huile est à la bonne température.

• Plonger trois ou quatre raviolis dans l'huile et frire quelques minutes de chaque côté, jusqu'à ce qu'ils soient croustillants et dorés. L'huile ne doit pas être trop chaude sinon la pâte cuira avant la garniture. Déposer les raviolis chinois dans une assiette, couvrir avec du papier absorbant et cuire les autres raviolis de la même manière. Servir chauds avec la Sauce nuoc-cham (p. 37) ou de la sauce soja.

· On peut laisser refroidir les raviolis chinois frits et les congeler. Réchauffer 15 min à 200 °C (400 °F).
· Les raviolis chinois peuvent être assemblés et congelés avant la cuisson à condition que la viande n'ait jamais été congelée auparavant.
· On peut aussi cuire les raviolis chinois la veille, les refroidir rapidement et les conserver dans le réfrigérateur jusqu'au moment de servir. Réchauffer 10 min dans le four préchauffé à 200 °C (400 °F).

Rouleaux de printemps miniatures

Ces rouleaux sont frits, mais ils ne sont pas gras pour autant. Ne faites pas de friture si vous avez un petit appartement ou si votre cuisine est trop près de la salle de réception. Ces rouleaux peuvent être préparés à l'avance et congelés. On peut les frire dès leur sortie du congélateur. On peut aussi les frire à l'avance et les réchauffer au four quelques minutes avant de les servir.

• Faire tremper les nouilles 20 min dans l'eau chaude. Égoutter et couper en petits morceaux. Faire tremper les champignons séchés 30 min dans suffisamment d'eau bouillante pour les couvrir. Égoutter et hacher. Mélanger les nouilles, les champignons, le porc, les oignons, l'ail, les oignons verts, la chair de crabe, le sel et le poivre dans le robot de cuisine.

• Mettre 4 feuilles de riz dans un bol d'eau chaude et laisser ramollir de 1 à 2 min. Découper chaque feuille en 4 morceaux. Mettre un morceau sur un plan de travail et déposer 1 c. à café (1 c. à thé) de garniture près du bord arrondi. Former un petit rouleau avec la garniture. Replier le bord arrondi sur la garniture, puis replier les deux côtés comme une enveloppe. Rouler vers le bout pointu de la pâte. Presser pour sceller. Répéter les mêmes étapes avec les autres feuilles de riz.

• Remplir un wok d'huile d'arachide ou de maïs au tiers et chauffer jusqu'à ce qu'elle atteigne 190 °C (375 °F) ou qu'un morceau de nouille remonte immédiatement à la surface. Frire cinq ou six rouleaux à la fois, jusqu'à ce qu'ils soient dorés. Égoutter sur du papier absorbant. Répéter les mêmes étapes jusqu'à ce que tous les rouleaux soient cuits.

• Servir les rouleaux nature ou les envelopper dans des feuilles tendres de laitue avec un peu de carotte râpée et quelques brins de basilic et de coriandre. On sert traditionnellement ce mets avec la Sauce nuoc-cham (p. 37).

INGRÉDIENTS

• 1 nid de nouilles à base de farine de haricot mungo de 30 g (1 oz)
• 5 champignons chinois séchés ou champignons de Paris frais, en petits dés
• 240 g (8 oz) de porc haché
• ½ oignon, haché finement
• 3 gousses d'ail, écrasées
• 3 oignons verts, en fines tranches
• 120 g (4 oz) de chair de crabe fraîche, surgelée ou en conserve, égouttée ou de crevettes hachées finement
• 50 grandes feuilles de riz vietnamiennes
• Sel et poivre noir fraîchement moulu
• Huile d'arachide ou de maïs pour friture

GARNITURE (facultatif)
• Petites feuilles de laitue
• Carottes râpées
• Brins de basilic frais
• Brins de coriandre fraîche
• Nuoc-cham (p. 37)

Baluchons à la chinoise

Rouleaux de printemps miniatures

Raviolis chinois farcis au porc

Barquettes d'agneau

Barquettes d'agneau

Cette recette du Moyen-Orient exige que la farce soit assaisonnée généreusement avant et après la cuisson.

- Chauffer l'huile dans une poêle à frire, ajouter les pignons et remuer rapidement environ 30 sec, jusqu'à ce qu'ils soient dorés.

- Dans un bol, bien mélanger la viande, les oignons, l'ail, le persil, les pignons, le sel et le poivre. Réserver.

- Abaisser la pâte à 6 mm (¼ po) d'épaisseur. À l'aide d'une longue règle et d'un couteau bien affûté, couper les bords pour qu'ils soient droits. Découper la pâte en longues lanières de 2,5 cm (1 po) de largeur, puis couper celles-ci en biais pour faire des carrés. Couvrir la pâte pendant la préparation des barquettes.

- Badigeonner deux des côtés opposés de la pâte avec l'œuf battu et mettre ½ c. à café (½ c. à thé) de la garniture au centre de chaque carré. Replier la pâte en deux, en collant ensemble les côtés humectés d'œuf. Agrandir l'ouverture pour laisser voir la garniture et donner à la pâte la forme d'une barquette. Tapoter le fond sur le plan de travail pour l'aplatir et presser légèrement les côtés pour faire ressortir la garniture.

- Dresser les barquettes les unes contre les autres sur des plaques à pâtisserie beurrées. Cuire dans le four préchauffé à 180 °C (350 °F) environ 45 min, jusqu'à ce qu'elles soient dorées et encore humides.

- Parsemer de persil et de sel de mer avant de servir.

PRÉPARATION

INGRÉDIENTS

- 1 c. à soupe d'huile d'arachide ou de maïs
- 75 à 100 g (2 ½ à 3 ½ oz) de pignons
- 400 g (13 ½ oz) d'agneau ou de bœuf haché
- 1 oignon, râpé
- 1 gousse d'ail, écrasée
- 4 c. à soupe de persil frais, haché
- 480 g (1 lb) de pâte brisée maison
- 1 œuf, battu avec de l'eau
- Sel de mer et poivre noir fraîchement moulu

GARNITURE (facultatif)
- Persil frais fraîchement haché
- Sel de mer

Bouchées sur tiges de citronnelle

- 2 c. à soupe d'huile d'arachide
- 600 g (20 oz) de poulet haché
- 100 g (1 tasse) de noix de coco séchée, trempée 30 min dans 250 ml (1 tasse) d'eau bouillante et égouttée
- 1 gros piment chili rouge, évidé, épépiné et haché finement
- 2 c. à soupe de cassonade ou de sucre roux
- Zeste d'un citron vert, râpé
- Sel de mer et poivre noir fraîchement moulu
- 10 à 20 tiges de citronnelle entières ou coupées en deux sur la longueur ou bâtonnets pour saté

PURÉE ÉPICÉE
- 1 échalote, en tranches
- 6 gousses d'ail, en tranches
- 2 piments chilis rouges, évidés, épépinés et hachés
- 2,5 cm (1 po) de gingembre frais, pelé et haché
- 1 c. à café (1 c. à thé) de curcuma
- 2 c. à café (2 c. à thé) de graines de coriandre écrasées
- 1 c. à café (1 c. à thé) de grains de poivre noir, concassés
- 6 amandes, écrasées
- 1 c. à soupe de sauce de poisson
- 2 clous de girofle, écrasés

Il est préférable d'enfiler ces bouchées sur des tiges de citronnelle puisque cela confère un goût exquis à la viande. On peut toutefois opter pour d'autres genres de brochettes si l'on a de la difficulté à en trouver. La purée épicée thaï est vendue dans plusieurs épiceries, mais la recette que je vous propose est merveilleusement parfumée.

- Réduire en purée tous les ingrédients qui composent la purée épicée dans un moulin à épices. Chauffer l'huile dans une petite poêle à frire, ajouter la purée et sauter environ 5 min. Laisser refroidir et mélanger dans un bol avec le poulet, la noix de coco, les piments, la cassonade, le zeste, le sel et le poivre.

- Prendre 2 c. à soupe du mélange et le mouler autour de l'extrémité d'une tige de citronnelle ou d'une brochette à saté. Faire une vingtaine de brochettes de la même manière. Envelopper le bout dénudé des tiges avec des petits carrés d'aluminium pour les empêcher de brûler en cours de cuisson.

- Cuire sur le barbecue ou sous le gril de 5 à 10 min, jusqu'à ce que la viande soit cuite et dorée.

Yakitori

Il est essentiel d'utiliser des cuisses de poulet pour cette recette. Elles ont meilleur goût que les autres parties de la volaille selon les adeptes de la cuisine japonaise. La sauce yakitori n'aura plus de secrets pour vous. Certains ingrédients sont vendus dans les épiceries orientales ou les grands supermarchés. Je recommande les poivrons rouges et jaunes qui sont meilleurs et plus faciles à peler que les verts. Le yakitori est délicieux avec le furikake, un assaisonnement à base de graines de sésame grillées, de basilic pourpre et d'algues nori.

• Pour préparer la sauce yakitori, mettre tous les ingrédients qui la composent dans une casserole, porter à ébullition et laisser mijoter 15 min. (La sauce devrait réduire du tiers.) Retirer du feu, laisser refroidir à température ambiante et conserver dans le réfrigérateur pas plus de deux jours. Verser la moitié de la sauce dans des petits bols et réserver le reste.

• Enfiler le poulet et les légumes sur des brochettes. Pour un repas, enfiler 5 morceaux par brochette. Pour des bouchées, utiliser un morceau de poulet, un d'oignon vert, un de champignon et un autre de poivron. Laisser un peu d'espace entre les cubes afin qu'ils puissent cuire uniformément.

• Cuire sous un gril très chaud, en retournant souvent les brochettes, jusqu'à ce que les jus remontent à la surface. Badigeonner de sauce yakitori et cuire de 5 à 10 min de plus, jusqu'à ce que le poulet soit cuit. Retourner et badigeonner les brochettes fréquemment en cours de cuisson.

• Badigeonner de sauce une dernière fois et servir sur un plateau. Saupoudrer de sept-épices et servir avec un bol de sauce.

INGRÉDIENTS

- 10 cuisses de poulet, désossées (garder la peau intacte), en cubes de 2,5 cm (1 po)
- 10 oignons verts ou poireaux nains, coupés en deux sur la longueur puis en morceaux de 1,25 cm (½ po)
- 4 champignons shiitake frais ou champignons de Paris, en cubes de 1,25 cm (½ po)
- 4 poivrons rouges ou jaunes, évidés, et coupés en cubes de 1,25 cm (1 po)
- Sept-épices japonais ou poivre noir concassé

SAUCE YAKITORI
- 500 ml (2 tasses) de sauce soja
- 250 ml (1 tasse) de bouillon de poulet
- 250 ml (1 tasse) de saké ou de vodka
- 250 ml (1 tasse) de mirin (vin de riz sucré)
- 120 g (½ tasse) de sucre

Bouchées sur tiges de citronnelle

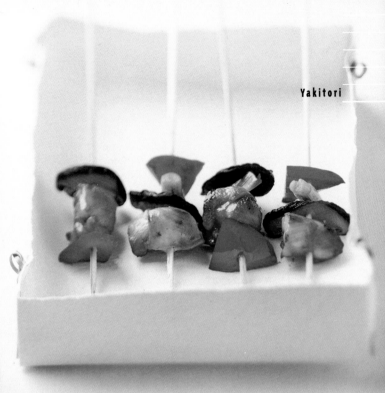

Yakitori

Poulet tandouri

Kébabs d'agneau à l'afghane

Kébabs d'agneau à l'afghane

Environ 40 bouchées

Au Pakistan et en Afghanistan, on sert ces kébabs partout le long des routes. On les embroche sur de longues brochettes qui ressemblent à des épées. Les brochettes de bois ont l'air beaucoup moins menaçantes...

• Demander au boucher de couper le gigot en tranches d'environ 2,5 cm (1 po) d'épaisseur.

• Retirer et jeter l'os au centre de chaque tranche, puis couper la viande en cubes de 2,5 cm (1 po). Mettre dans un bol, ajouter le gingembre et retourner les cubes pour bien les enrober. Ajouter le vin et laisser mariner de 1 h à 2 jours dans le réfrigérateur.

• Retirer la viande de la marinade et l'éponger avec du papier absorbant. Enfiler les cubes sur des brochettes métalliques ou de bois préalablement trempées dans l'eau. Badigeonner avec le ghee et assaisonner avec du sel de mer et du poivre fraîchement moulu.

• Cuire sur le barbecue ou sous le gril très chaud environ 5 min de chaque côté, jusqu'à ce que la viande soit croustillante et dorée à l'extérieur et encore rosée à l'intérieur. Parsemer de persil et de piment avant de servir.

- 1 petit gigot d'agneau
- 6 c. à soupe de purée de gingembre
- ½ bouteille de vin rouge (suffisamment pour couvrir)
- Ghee (beurre clarifié), huile de moutarde ou huile d'olive pour badigeonner
- Sel et poivre noir fraîchement moulu
- Persil frais et piment chili, hachés finement

Poulet tandouri

INGRÉDIENTS

- 800 g (1 lb 10 oz) de poulet désossé, sans la peau
- Beurre ou huile pour badigeonner

PREMIÈRE MARINADE
- 2 c. à café (2 c. à thé) de sel
- Un morceau de 5 cm (2 po) de gingembre frais, pelé et râpé
- 4 gousses d'ail, réduites en purée
- 2 c. à soupe de vinaigre de malt ou de vinaigre de riz blanc

DEUXIÈME MARINADE
- 3 c. à soupe de cheddar doux, râpé
- 1 petit œuf
- 4 piments chilis verts, épépinés et hachés
- 1 c. à soupe de coriandre fraîche, hachée
- 1 c. à soupe de farine de maïs
- 6 c. à soupe de crème légère (15 %)

SERVICE
- Jus d'un citron fraîchement pressé
- Coriandre ou persil frais, haché

PRÉPARATION

Ce poulet tandouri est le meilleur et le plus authentique qui soit. J'ai emprunté la recette à Manjit Gill, le chef réputé du restaurant Bokhara de l'hôtel Sheraton Maurya de Delhi. Servez ce mets avec ou sans brochettes.

- Couper le poulet en cubes de 2,5 cm (1 po) et bien éponger. Mettre les ingrédients de la première marinade dans un bol et bien remuer. Ajouter le poulet, bien l'enrober et réserver 15 min.

- Mettre tous les ingrédients de la deuxième marinade dans un robot de cuisine et bien mélanger.

- Retirer le poulet de la première marinade et le presser doucement pour éliminer l'excédent de liquide. Déposer dans un bol propre et couvrir avec la deuxième marinade. Masser le poulet avec les doigts pour bien faire pénétrer la marinade. Réserver 30 min au froid. Faire tremper environ 20 brochettes de bois dans l'eau 30 min et égoutter.

- Enfiler un morceau de poulet au bout de chaque brochette. Cuire environ 8 min sous le gril chaud ou au four jusqu'à ce qu'il soit cuit à moitié. (Mettre un plateau sur la grille inférieure pour recueillir le liquide qui pourrait s'écouler.) Sortir du four et laisser reposer les brochettes à la verticale dans un bol pendant 5 min pour que s'écoule l'excédent de liquide.

- Badigeonner avec le beurre fondu et remettre sur le gril ou dans le four environ 8 min de plus, jusqu'à cuisson complète de la volaille. Arroser de jus de citron et parsemer de coriandre avant de servir.

Saté de bœuf à l'indonésienne

Environ 10 portions

La sauce saté, à base d'arachide, est l'une des créations culinaires les plus importantes de l'Indonésie. Vous pouvez préparer ces brochettes avec d'autres viandes (porc, agneau, etc.) ou de la volaille que vous servirez avec une sauce crémeuse bien épicée.

• Couper le bifteck en biais en lamelles de 6 mm (¼ po) d'épaisseur et de 5 cm (2 po) de longueur. Mélanger le lait de coco, le jus de citron vert, les piments, la citronnelle, l'ail, le cumin, la coriandre, la cardamome, la sauce de poisson, le zeste et le sucre dans un bol. Ajouter les lamelles de bœuf et bien enrober. Couvrir et réserver 2 h ou toute la nuit dans le réfrigérateur. Pendant ce temps, faire tremper 10 brochettes de bambou dans l'eau pendant au moins 30 min et égoutter.

• Égoutter le bœuf et jeter la marinade. Enfiler les lamelles de bœuf en zigzag sur les brochettes. Cuire sous le gril chaud ou dans une poêle à frire badigeonnée d'huile d'arachide jusqu'à ce que les brochettes soient tendres et dorées. Servir sur un plateau avec un petit bol de sauce saté.

- 480 g (1 lb) de bifteck de première qualité
- 125 ml (½ tasse) de lait de coco
- Jus de deux citrons verts
- 2 piments chilis rouges, hachés finement
- 3 tiges de citronnelle, hachées finement
- 3 gousses d'ail, écrasées
- 1 c. à café (1 c. à thé) de cumin moulu
- 2 c. à café (2 c. à thé) de coriandre moulue
- 1 c. à café (1 c. à thé) de cardamome moulue
- 2 c. à soupe de sauce de poisson ou de sauce soja
- Zeste de citron vert, râpé
- 1 c. à café (1 c. à thé) de sucre
- Huile de maïs ou d'arachide pour badigeonner
- Sauce saté (p. 34)

> **PRÉPARATION À L'AVANCE**
> · Toutes les brochettes de saté peuvent être assemblées la veille.
> · Les brochettes peuvent être congelées avant cuisson (seulement si la viande n'a jamais été congelée auparavant). Faites-les décongeler dans le réfrigérateur pendant 2 h avant de les faire cuire tel qu'indiqué dans la recette principale.

Saté de porc à la mode de Singapour

INGRÉDIENTS

- 1 kg (2 lb) de longe de porc désossée
- 1 c. à soupe de graines de coriandre
- ½ c. à café (½ c. à thé) de curcuma
- 1 c. à café (1 c. à thé) de sel
- 1 c. à soupe de cassonade ou de sucre roux
- 1 tige de citronnelle, en fines tranches
- 5 petites échalotes, hachées finement
- 125 ml (½ tasse) d'huile de tournesol ou d'huile d'arachide
- 1 concombre, coupé en quartiers sur la longueur, épépiné et coupé en tranches diagonales
- 1 recette de sauce (sauce soja, sauce saté ou nuoc-cham) (p. 37)

PRÉPARATION

À Singapour, la cuisine est un heureux mélange de la cuisine chinoise traditionnelle et des influences culinaires du Sud-Est asiatique. Servez ces brochettes avec une sauce soja chinoise ou un mélange de sauce de poisson et d'arachides.

- Couper le porc en tranches de 2 cm (¾ po), puis couper chaque tranche en cubes de 2 cm (¾ po).

- Mettre les graines de coriandre dans une poêle à frire et chauffer à feu moyen jusqu'à ce qu'elles commencent à libérer leur parfum. Moudre les graines à l'aide d'un mortier et d'un pilon ou d'un moulin à épices. Transvider dans un bol peu profond, ajouter le curcuma, le sel et la cassonade.

- Réduire la citronnelle et les échalotes en purée dans le moulin à épices ou le mélangeur en ajoutant un peu d'eau si nécessaire. Verser dans le bol et bien remuer. Incorporer le quart de l'huile.

- Ajouter les cubes de viande et bien remuer. Couvrir et laisser mariner 2 h ou toute la nuit dans le réfrigérateur. Faire tremper 20 brochettes de bambou dans l'eau pendant au moins 30 min et égoutter.

- Enfiler 2 morceaux de porc sur chacune des brochettes humides et badigeonner avec un peu d'huile. Cuire à feu moyen sur le barbecue ou sous le gril. Enfiler une tranche de concombre à chaque extrémité des brochettes et servir avec la sauce.

DESSERTS ET BOISSONS

Voici la touche indispensable qui fera l'unanimité. N'hésitez pas
à servir du champagne si vous en avez envie, mais les cocktails que
je vous propose sauront certainement ajouter beaucoup de zeste à
votre fête. Quant aux desserts, ils souligneront joyeusement la fin de
la rencontre grâce aux fruits magnifiques et aux crèmes glacées
parfumées dont je vous livre le secret. Et si vous faites votre propre
chocolat, le moment est venu de faire découvrir vos talents
à tous vos invités.

Dry martini

i verre

Le dry martini est le roi des cocktails. On le sert toujours avec l'olive traditionnelle, mais j'aime dévier à la règle en le servant avec une spirale de zeste de citron. Certaines personnes préfèrent les martinis à base de vodka. N'oubliez pas d'en avoir une bouteille à portée de la main.

• Mélanger le gin et le vermouth avec de la glace, puis passer dans des verres à martini.

- 30 ml (1 oz) de gin de première qualité
- Un trait de vermouth sec
- Une spirale de zeste de citron ou une olive piquée sur un bâtonnet à cocktail

Fruits frais épicés sur bâtonnets

i ou 2 bouchées par personne ⓥ

Cette façon de servir les fruits est typiquement indienne. Le sel et le chili sont des compagnons étonnamment intéressants pour les fruits. Si l'on utilise des pommes ou des poires, les faire d'abord tremper dans du jus de citron pour les empêcher de noircir.

• Si on utilise des melons, les couper en biais en trois morceaux avant de les peler et de les couper en morceaux de 2,5 cm (1 po).

• Si on utilise des goyaves, les couper en 8 pointes (on peut les peler ou non). Enfiler les morceaux sur la longueur sur des bâtonnets de bois.

• Si on utilise des ananas, les couper en quartiers sur la longueur, les peler, les évider et les couper en petits triangles.

• Préparer les autres fruits en morceaux de la grosseur d'une bouchée et les peler si nécessaire.

• Enfiler chaque morceau verticalement sur des bâtonnets à cocktail ou des brochettes de bambou. Saupoudrer avec un mélange de sel et d'assaisonnement au chili ou servir ces assaisonnements dans des bols différents.

- Variété de fruits frais très mûrs (melon miel, melon brodé, cantaloup, pomme, goyave à chair rose et petits ananas)
- Sel
- Assaisonnement au chili ou piments chilis broyés

INGRÉDIENTS

- 500 ml (2 tasses) de lait
- 2 gousses de vanille, fendues en deux sur la longueur ou ¼ c. à café (¼ c. à thé) d'essence de vanille de première qualité (facultatif)
- 3 ou 4 jaunes d'œufs
- 120 g (½ tasse) de sucre
- 250 ml (1 tasse) de crème épaisse (35 %)

PARFUMS AU CHOIX

- 4 c. à soupe de Strega ou de Grand Marnier
- 480 g (1 lb) de pêches mûres, pochées dans 120 g (½ tasse) de sucre + suffisamment d'eau pour couvrir, pelées, dénoyautées et réduites en purée
- 1 petit panier de framboises ou de mûres, en purée et passées au tamis ou écrasées à l'aide d'une fourchette
- Pulpe et graines de 6 fruits de la Passion mûrs
- 250 ml (1 tasse) de purée de mangue en conserve
- 6 morceaux de gingembre confit, hachés finement + 6 c. à soupe de sirop du pot de gingembre

PRÉPARATION

La crème glacée est mise en valeur quand on la sert dans des cuillères de porcelaine. Achetez de la vanille en gousse pour rehausser la qualité de vos glaces.

- Pour faire la glace de base, chauffer le lait et les gousses de vanille jusqu'à ce que le liquide atteigne presque le point d'ébullition. Retirer du feu et laisser infuser environ 15 min. Enlever les gousses de vanille et racler les graines avec la pointe d'un couteau. Mélanger les graines avec le lait et jeter les gousses.

- Fouetter les jaunes d'œufs jusqu'à ce qu'ils soient crémeux. Incorporer 2 c. à soupe de lait chaud, puis verser le lait restant, un peu à la fois. Ajouter le sucre et remuer jusqu'à dissolution.

- Transvider dans un bain-marie et cuire à feu doux, en remuant, jusqu'à ce que le mélange nappe le dos d'une cuillère. On peut aussi faire chauffer le mélange dans un bol placé au-dessus de l'eau qui mijote (l'eau ne doit pas toucher le bol) et cuire de la même manière que dans le bain-marie. Ne pas laisser bouillir sinon le lait caillera.

- Retirer du feu, plonger la casserole dans l'eau froide pour arrêter la cuisson, laisser refroidir un peu et incorporer la crème. Diviser en portions (de 2 à 4), ajouter un parfum différent à chacune et mélanger séparément dans la sorbetière.

- Transvider dans des contenants à congélation et conserver dans le congélateur jusqu'au moment de servir.

- Laisser ramollir environ 20 min dans le réfrigérateur avant de servir.

Brioches miniatures

PRÉPARATION

INGRÉDIENTS

- 375 g (12 ½ oz) de farine à pain
- 1 ½ c. à café (1 ½ c. à thé) de sel
- 15 g (½ oz) de levure fraîche
- 2 c. à soupe de lait tiède
- 6 œufs
- 180 g (6 oz) de beurre non salé, ramolli
- Huile d'arachide

Si vous prenez de la levure sèche, mélangez-en 7 g (¼ oz) avec la farine et le sel et poursuivez la recette tel qu'indiqué.

• Mélanger la farine et le sel dans un bol avec le batteur à main. Faire un puits au centre.

• Émietter la levure fraîche dans un petit bol, ajouter le lait et mélanger jusqu'à consistance crémeuse. Battre légèrement 5 œufs, verser dans le puits et ajouter la levure. Mélanger pour obtenir une pâte souple et pétrir à basse vitesse avec les crochets pétrisseurs de 5 à 8 min, jusqu'à ce qu'elle soit souple et élastique. (La pâte sera très collante.)

• Couvrir avec un linge humide ou de la pellicule plastique légèrement beurrée. Laisser lever à température ambiante de 1 à 1 h 30, jusqu'à ce que la pâte ait doublé de volume. Dégonfler la pâte à l'aide d'un coup de poing et ajouter le beurre ramolli, 45 g (1 ½ oz) à la fois, en mélangeant bien après chaque addition. Battre environ 5 min de plus, jusqu'à ce que la pâte soit souple, élastique et très luisante.

• Pour façonner une brioche, prélever le tiers de la pâte, couvrir avec de la pellicule plastique beurrée et réserver.

• Prendre des morceaux de pâte de la grosseur d'une noix et les façonner en boules. Mettre dans des chemises de papier déposées sur des plaques à pâtisserie. Pour faire la partie supérieure des brioches, prélever des morceaux de la grosseur d'un raisin sur le morceau de pâte réservée. Façonner en petites boules. Faire une petite fente au milieu de la partie inférieure de chaque brioche. Couvrir et laisser lever de 30 à 45 min, jusqu'à ce que la pâte ait doublé de volume.

• Battre légèrement le dernier œuf et badigeonner la partie supérieure de la brioche avec cette dorure. Cuire dans le four préchauffé à 200 °C (400 °F) environ 15 min, jusqu'à ce qu'elle soit dorée. Laisser refroidir sur une grille. Fendre les brioches en deux et les garnir de crème glacée.

> · Servir immédiatement ou conserver jusqu'à trois jours dans un contenant hermétique.
> · Congeler jusqu'à un mois dans un sac à congélation en polythène.
> · Décongeler à température ambiante environ 15 min. Réchauffer 5 min dans le four préchauffé à 180 °C (350 °F).

Dry martini

Fruits frais épicés sur bâtonnets

Glaces parfumées

Brioches miniatures

Profiteroles

24 bouchées Ⓥ

- 24 Brioches miniatures (p. 126)
- Environ 250 ml (1 tasse) de crème glacée

Si vous ne voulez pas de brioche, servez la crème glacée dans des petites cuillères ou des cornets miniatures.

- Couper un couvercle sur le dessus de chaque brioche et retirer presque toute la mie. (La jeter ou la réserver pour un autre usage.)
- Mettre une cuillerée comble de glace au centre et replacer le couvercle. Servir immédiatement dans des assiettes froides.

Croissants au mincemeat et à la crème de brandy

24 bouchées

- 24 croissants miniatures au fromage ou nature
- 1 pot de 480 g (1 lb) de mincemeat de qualité

CRÈME FOUETTÉE AU BRANDY
- 250 ml (1 tasse) de crème épaisse (35 %)
- 3 c. à soupe de sucre glace
- 3 c. à soupe de brandy ou de cognac

On peut farcir les croissants de mincemeat à l'avance. Il vous suffira de les réchauffer et de les napper de crème fouettée au brandy juste avant de les servir.

- Pour préparer la crème de brandy, fouetter la crème avec le sucre, puis incorporer le brandy à l'aide d'un fouet.
- Faire une fente sur le dessus de chaque croissant. (On peut préparer la recette jusqu'à cette étape.)
- Réchauffer 4 ou 5 min dans le four préchauffé à 180 °C (350 °F). Servir sur un plateau et couvrir chaque croissant avec une petite cuillerée de crème fouettée au brandy.

NOTE : Si on a du mal à se procurer des croissantes miniatures, on peut acheter de la pâte à croissants surgelée. Ouvrir le contenant, découper 6 triangles et cuire au four selon les indications du fabricant. Couper chaque triangle en 4 petits triangles. Rouler la pâte en laissant une pointe libre. Cuire au four selon les indications du fabricant environ 10 min, jusqu'à ce que les croissants soient dorés.

Mojito à la menthe

INGRÉDIENTS

- 125 ml (½ tasse) de rhum blanc
- Jus de deux citrons verts
- 2 c. à soupe de sirop de sucre de canne ou de sucre semoule
- Feuilles d'un gros bouquet de menthe
- Glaçons
- Eau minérale pétillante (facultatif)
- Brins de menthe fraîche
- Zeste de citron vert

PRÉPARATION

Cette boisson antillaise à base de rhum est très rafraîchissante. J'aime parfois lui ajouter un peu de tequila. Avant de la servir, passez-la dans une passoire fine qui retiendra les petits morceaux de menthe. C'est le jus de menthe qui donne au mojito sa couleur remarquable.

- Mettre le rhum, le jus de citron vert, le sucre, les feuilles de menthe et les glaçons dans le mélangeur. Bien mélanger et passer dans des verres remplis de glace à moitié.

- Servir tel quel ou ajouter de l'eau minérale pétillante. Décorer avec un brin de menthe et un ruban de zeste de citron vert.

Petits gâteaux de Noël

Environ 70 bouchées Ⓥ

- 1 morceau de gâteau aux fruits de 20 x 8 x 8 cm (8 x 3 x 3 po)
- 480 g (1 lb) de fondant

Ces petits gâteaux gagneront la faveur de vos invités à longueur d'année. Pourquoi attendre Noël pour les partager avec ceux que vous aimez?

- Couper les côtés, le dessus et le fond du gâteau aux fruits à l'aide d'un couteau bien affûté. Couper le gâteau sur la longueur en lamelles de 2,5 cm (1 po). Couper chaque morceau ainsi obtenu en lamelles de 2,5 cm (1 po) pour faire des petits carrés.

- Abaisser le fondant à environ 6 mm (¼ po) d'épaisseur. À l'aide d'un couteau bien affûté et d'une règle métallique, découper des lamelles de 20 x 12,5 cm (8 x 5 po) de largeur.

- Déposer un petit morceau de gâteau sur une lamelle de fondant, puis enrouler celle-ci tout autour. Presser pour bien faire tenir le fondant. Frapper légèrement les gâteaux sur un plan de travail pour parfaire les coins. Couvrir avec de la pellicule plastique et laisser refroidir au moins 30 min dans le réfrigérateur.

- Juste avant de servir, couper les «bûches» en morceaux de 2,5 cm (1 po) de longueur et servir avec une tasse d'espresso bien corsé.

Croissant au mincemeat et à la crème de brandy

Petits gâteaux de Noël

Mojito à la menthe

Kir royal à la mangue et au gingembre

Kir royal à la mangue et au gingembre

- 1 pot de morceaux de gingembre confit, en quartiers
- 500 ml (2 tasses) de purée de mangue
- 4 c. à soupe de purée ou de jus de gingembre
- Sirop du pot de gingembre
- Sucre
- 6 bouteilles de champagne frappé

Le kir royal, aussi appelé champagne cassis, est un brillant mélange de champagne et de crème de cassis. Essayez cette variante à base de mangue et de gingembre. Si vous avez le bonheur d'avoir des mangues fraîches, ajoutez un peu de jus de citron pour rehausser leur saveur et un peu de glace pour broyer leurs filaments fibreux.

• Enfiler les quartiers de gingembre au bout de brochettes de bambou ou de longs bâtonnets. Déposer les brochettes dans une assiette.

• En travaillant en plusieurs étapes au besoin, passer au mélangeur la purée de mangue, la purée de gingembre, le sirop de gingembre et 250 ml (1 tasse) d'eau glacée.

• Sucrer au goût. Mélanger à nouveau, puis ajouter de l'eau glacée pour que le mélange ait la consistance d'une crème légère.

• Mettre les flûtes à champagne sur un plateau. Déposer 1 c. à café (1 c. à thé) du mélange au fond de chaque verre. Verser une petite cuillerée de champagne et remuer. Réserver jusqu'à l'arrivée des invités. Au moment de servir, remplir les flûtes de champagne, puis déposer la brochette sur le dessus.

• Ne pas oublier de préparer à l'avance une quantité suffisante de purée de mangue au mélangeur pour répondre rapidement à la demande des invités.

NOTE : On peut trouver de la purée de gingembre dans les supermarchés, mais on peut aussi la préparer soi-même en coupant 1 kg (2 lb) de gingembre frais en morceaux de 5 cm (2 po). Couvrir d'eau et laisser tremper 30 min avant de peler. Réduire en purée à l'aide du mélangeur ou du moulin à épices. Ajouter un peu d'eau glacée au besoin. Passer au tamis ou congeler la pulpe dans des bacs à glaçons pour utilisation ultérieure dans d'autres recettes. On doit compter au moins 4 cubes pour cette recette.

Margarita glacée

La margarita fait l'unanimité, peu importe comment on la sert. Prenez le temps de faire une collerette de givre en plongeant le bord du verre dans une soucoupe contenant du sel. Le citron vert est un ingrédient essentiel de cette recette.

• Humecter le bord de chaque verre avec du jus de citron vert puis le plonger dans une soucoupe remplie de sel.

• Mettre le jus de citron vert, le triple-sec et la tequila dans le mélangeur avec la glace concassée. Mélanger jusqu'à consistance mousseuse. Le son du moteur changera brusquement lorsque la mousse s'élèvera au-dessus des lames.

• Verser dans les verres givrés et servir avec une tranche de citron vert.

INGRÉDIENTS

- 75 ml (2 ½ oz) de jus de citron vert fraîchement pressé
- Sel
- 75 ml (2 ½ oz) de triple-sec ou de Cointreau
- 125 ml (½ tasse) de tequila
- Glace concassée
- Un citron vert, coupé en deux puis en fines tranches

Margarita aux fraises

• Mettre tous les ingrédients dans le mélangeur avec la glace concassée. Mélanger et servir tel qu'indiqué dans la recette précédente.

- 1 petit panier de fraises fraîches
- 250 ml (1 tasse) de tequila
- 1 c. à soupe de sucre en poudre ou de sucre semoule
- Jus d'un citron vert
- 1 c. à soupe de sirop de fraise
- Glace concassée

Tequila à l'ananas

• Mélanger les ingrédients dans un shaker (coquetellier), agitez et passer dans un verre rempli de glaçons.

- 175 ml (¾ tasse) de jus d'ananas frais
- 125 ml (½ tasse) de glace concassée
- 45 ml (1 ½ oz) de tequila

Vin chaud à la suédoise

Environ 20 verres

- 2 bouteilles de vin rouge sec
- 1 bouteille d'aquavit ou de vodka
- 12 gousses de cardamome, écrasées
- 8 clous de girofle entiers
- 1 orange
- Un morceau de 2,5 cm (1 po) de gingembre frais, en tranches
- Un bâton de cannelle
- 240 g (1 tasse) de sucre
- 210 g (7 oz) d'amandes blanchies
- 210 g (7 oz) de raisins secs
- 1 bâton de cannelle pour remuer (facultatif)

- À l'aide d'un couteau éplucheur, prélever une longue spirale de pelure d'orange (ne pas prendre la partie blanche amère).

- Mettre tous les ingrédients, sauf les amandes, dans un bol ou une casserole et réserver 12 h ou toute la nuit.

- Juste avant de servir, chauffer le liquide jusqu'à ce qu'il atteigne presque le point d'ébullition. Retirer du feu et incorporer les amandes. Ne pas laisser bouillir sinon l'alcool s'évaporera.

- Servir dans des tasses à punch ou des verres à thé glacé avec des petites cuillères qui permettront de déguster les amandes et les raisins secs. On peut aussi ajouter des bâtonnets de cannelle pour remuer.

NOTE : Si l'on préfère, on peut omettre les amandes et enlever les raisins secs avant de servir.

Boisson chaude pour les enfants

10 verres

- 1 orange
- 1 litre (4 tasses) de jus de pomme brut
- 500 ml (2 tasses) de jus de pomme
- 60 g (2 oz) de sucre semoule
- 1 bâton de cannelle
- 5 clous de girofle entiers
- 75 g (2 ½ oz) de raisins secs

Les enfants aussi ont le droit de s'amuser... Cette boisson est idéale pour ceux qui ne boivent pas d'alcool.

- À l'aide d'un couteau éplucheur, prélever une longue spirale de pelure d'orange (ne pas prendre la partie blanche amère).

- Mettre la spirale d'orange et tous les autres ingrédients dans une grande casserole et réserver 4 h ou toute la nuit.

- Juste avant de servir, amener lentement à ébullition, baisser le feu et laisser mijoter 30 min. Servir dans des tasses à punch ou des petites tasses à café avec un peu de raisins secs et d'amandes.

NOTE : Si l'on préfère, on peut enlever les raisins secs avant de servir. La recette classique contient aussi 75 g (2 ½ oz) d'amandes tranchées.

Pimms

Cette boisson typiquement anglaise est idéale pour les fêtes estivales. Quand la bourrache est en fleur, congelez ses fleurs bleues dans des glaçons. Comptez 250 ml (1 tasse) de boisson par verre et prévoyez au moins deux verres par personne.

- Mettre tous les ingrédients dans un pichet, remuer et servir.

INGRÉDIENTS

- 1 part de pimms
- 3 parts de soda au gingembre (Canada Dry), de limonade ou de soda
- Fleurs de bourrache
- Rubans de pelure de concombre
- Tranches de citron
- Brins de menthe fraîche

Jus de pamplemousse rose au Campari

Servez un grand verre de jus à vos invités dès leur arrivée. La recette ne requérant qu'une infime quantité d'alcool, on peut offrir cette boisson tôt dans la journée.

- Mettre le jus de pamplemousse, le Campari et la glace concassée dans le mélangeur. Mélanger rapidement. Remplir un pichet à moitié de glace concassée et verser le jus. Ajouter plusieurs brins de menthe et servir.

- 1 litre (4 tasses) de jus de pamplemousse rose, froid
- Environ 125 ml (½ tasse) de Campari (au goût)
- 250 ml (1 tasse) de glace concassée
- Brins de menthe fraîche

Margarita glacée

Vin chaud à la suédoise

Pimms

Cocktail au champagne

Champagne bleu

Cette boisson très chic rendra vos invités heureux en quelques secondes seulement.

• Mettre les glaçons dans un shaker, ajouter le jus de citron, le triple-sec, le curaçao et la vodka.

• Agiter le shaker et passer le mélange dans des flûtes à champagne. Terminer avec le champagne.

- 2 c. à café (2 c. à thé) de jus de citron fraîchement pressé
- ½ c. à café (½ c. à thé) de triple-sec ou de Cointreau
- ½ c. à café (½ c. à thé) de curaçao
- 125 ml (½ tasse) de vodka
- Champagne ou autre vin mousseux

Cocktail au champagne

Décorez le verre de dégustation avec une tranche du fruit choisi.

• Mettre 1 c. à café (1 c. à thé) de liqueur ou 4 c. à soupe de jus de fruit dans une flûte à champagne ou une coupe. Terminer avec le champagne.

- 1 c. à café (1 c. à thé) de liqueur (poire williams, liqueur de pêche ou de framboise, curaçao) ou pulpe d'un fruit de la Passion ou 4 c. à soupe de jus de fruit (poire, ananas, pêche ou abricot)
- Champagne ou autre vin mousseux

Cooler aux canneberges

Les canneberges et les agrumes ont toujours fait bon ménage. Ce cooler peut être mélangé avec de la vodka si vous souhaitez servir un Sea Breeze, mais cette recette sans alcool est également très rafraîchissante.

• Mélanger le jus de canneberge et le jus d'orange dans un pichet.

• Déposer les glaçons dans des verres longs, remplir de jus à moitié et bien remuer. Terminer avec l'eau minérale et décorer avec le zeste d'orange.

- 1 litre (4 tasses) de jus de canneberge
- 1 litre (4 tasses) de jus d'orange
- Glaçons
- Eau minérale pétillante
- Rubans de zeste d'orange

Sangria tropicale

- 1 mangue mûre, en fines tranches
- 1 citron vert, en fines tranches
- 1 citron, en fines tranches
- ½ ananas, coupé sur la longueur en 6 morceaux, puis en petits triangles
- 1 carambole, en tranches
- 3 c. à soupe de sucre semoule
- 2 litres (8 tasses) de limonade, d'orangeade ou de soda au gingembre (Canada Dry), bien froid

Cette sangria sans alcool peut être préparée avec n'importe quel fruit tropical : mangue, ananas, carambole, etc. Évitez le melon, le kiwi et la fraise.

• Mettre les fruits dans un bol à punch. Saupoudrer de sucre et réserver au moins 30 min. Couvrir avec la limonade juste avant de servir. Remplir des verres à vin de glace, ajouter quelques morceaux de fruits et verser la sangria.

VARIANTE

• Mélanger 500 ml (2 tasses) de nectar de pêche, des brins de menthe et 2 tranches de pêche dans un bol et couvrir avec du champagne, du soda au gingembre (Canada Dry) ou de la limonade.

Panaché sur glace

- 1 litre (4 tasses) d'eau minérale pétillante
- Angostura, au goût
- Glaçons
- Brins de menthe fraîche (facultatif)

L'angostura est un bitter contenant beaucoup d'alcool. Évitez d'offrir ce panaché aux personnes qui n'ont pas l'habitude de consommer des boissons alcoolisées.

• Remplir 10 verres longs avec des glaçons. Ajouter l'eau minérale et un brin de menthe. Verser ½ c. à café (½ c. à thé) d'angostura dans chaque verre, mais ne pas remuer. La couleur rosée de l'angostura se déposera lentement au fond du verre.

Suggestions de menus

FÊTE ESTIVALE

Prairie Oyster glacé, 17
Salade épicée thaïlandaise à la cuillère, 21
Gaspacho, 18
Pois mange-tout et hoummos, 27
Pizzas miniatures, 65
Spirales aux anchois, 72
Sushis variés, 81
Garniture pour feuille d'endive, 87
Rouleaux de printemps, 95
Bouchées sur tiges de citronnelle, 115
Fruits frais épicés sur bâtonnets, 124
Glaces parfumées, 125

FÊTE DE NOËL

Noix grillées, 33
Tomates séchées au four, 22
Blinis, 59
Toasts croustillants et bruschettas grillées, 46
Pizzas miniatures, 65
Tartelettes et barquettes aux trois garnitures, 68
Feuilles de vigne farcies, 84
Garniture pour feuille d'endive, 87
Samosas, 93
Poulet tandouri, 119
Barquettes d'agneau, 114
Petits gâteaux de Noël, 129
Croissants au mincemeat et à la crème de
    brandy, 128

FÊTE HIVERNALE

Soupe aux pois à la menthe, 18
Œufs de caille à la trempette épicée, 22
Pommes de terre à la mode de Yunan, 40
Hot-dogs miniatures, 56
Toasts croustillants et bruschettas grillées, 46
Pizzas miniatures, 65
Sablés épicés, 71
Barquettes d'endive à la salade de hoummos, 86
Salsa mexicaine, 34
Empanaditas, 94
Croissants au mincemeat et à la crème de
    brandy, 128

CÉLÉBRATION

Caviar à la cuillère, 20
Huîtres sur glace, 23
Crevettes au mojo mexicain, 25
Muffins de maïs à la pancetta, à l'avocat et à la
    coriandre, 58
Sushis aux fruits de mer, 82
Garniture pour feuille d'endive, 87
Souvlakis de poulet, 98
Yakitori, 116
Petits gâteaux de Noël, 129

FÊTE ENTRE AMIS DANS LE JARDIN

Fish and chips, 30
Asperges grillées, 41
Hamburgers miniatures, 57
Hot-dogs miniatures, 56
Tartelettes et barquettes aux trois garnitures, 68
Sushis au concombre, 79
Sushis aux fruits de mer, 82
Sushis variés, 81
Cornets de sushi, 82
Pochettes de ciabata au rôti de bœuf et à la
    mayonnaise wasabi, 90
Tortillas farcies, 96
Saté de bœuf à l'indonésienne, 120

FÊTE DE MARIAGE

Beignets à l'antillaise, 31
Pommes de terre miniatures, 38
Smörrebröds, 49
Bagels miniatures, 50
Tartelettes et barquettes aux trois garnitures, 68
Cornets de sushi, 82
Barquettes d'endive à la salade de crabe thaï, 86
Raviolis chinois farcis au porc, 111
Poulet tandouri, 119
Petits gâteaux de Noël, 129

MENU VÉGÉTARIEN

Soupe aux patates douces, 23
Beignets de plantain, 28
Pommes de terre miniatures, 38
Tortillas de pommes de terre, 39
Canapés de concombre, 42
Toasts croustillants et bruschettas grillées, 46
Tartelettes et barquettes aux trois garnitures, 68
Cari de petits pois et de pommes de terre, 75
Sushis au concombre, 79
Feuilles de vigne farcies, 84
Glaces parfumées, 125
Brioches miniatures, 126
Petits gâteaux de Noël, 129

RÉJOUISSANCE ENTRE AMIS

Pailles au fromage épicées, 73
Beignets à l'antillaise, 31
Toasts croustillants et bruschettas grillées, 46
Pizzas miniatures, 65
Spirales aux anchois, 72
Hamburgers miniatures, 57
Hot-dogs miniatures, 56
Tartelettes et barquettes aux trois garnitures, 68
Sushis variés, 81
Pitas farcis, 97
Baluchons à la chinoise, 110
Rouleaux de printemps, 95
Kébabs d'agneau à l'afghane, 118
Saté de porc à la mode de Singapour, 121
Croissants au mincemeat et à la crème de
    brandy, 128
Glaces parfumées, 125
Brioches miniatures, 126

Index des recettes

A

Aïoli, 37
Asperges grillées, 41

B

Bagels miniatures, 50
Baluchons à la chinoise, 110
Barquettes d'agneau, 114
Barquettes d'endive à la salade de
    crabe thaï, 86
Barquettes d'endive à la salade de
    hoummos, 86
Beignets à l'antillaise, 31
Beignets de plantain, 28
Betteraves épicées, 52
Blinis, 59
Boisson chaude pour les enfants, 133
Bouchées de bagels, 52
Bouchées sur tiges de citronnelle, 115
Boulettes de porc et trempette au
    piment à la vietnamienne, 104
Brioches miniatures, 126
Brochettes de saumon fumé, 16

C

Canapés de concombre, 42
Cari de petits pois et de pommes de
    terre, 75
Caviar à la cuillère, 20
Caviar d'aubergine, 36
Champagne bleu, 136
Cocktail au champagne, 136
Cônes feuilletés, 74

Cooler aux canneberges, 136
Cornets de sushi, 82
Crevettes au mojo mexicain, 25
Croissants au mincemeat et à la
    crème de brandy, 128
Croquettes de crabe et trempette au
    piment thaï, 105

D

Dattes farcies au fromage de chèvre,
    42
Dry martini, 124

E

Empanaditas, 94

F

Falafels, 106
Feuilles de vigne farcies, 84
Fish and chips, 30
Fricadelles, 102
Fromage de chèvre à la cuillère, 21
Fromage grillé à l'indienne, 26
Fruits frais épicés sur bâtonnets, 124

G

Garniture pour feuille d'endive, 87
Gaspacho, 18
Glaces parfumées, 125

H

Hamburgers miniatures, 57
Hot-dogs miniatures, 56

Huîtres sur glace, 23

I

Jus de pamplemousse rose au
    Campari, 134

K

Kébabs d'agneau à l'afghane, 118
Kir royal à la mangue et au
    gingembre, 131

M

Margarita aux fraises, 132
Margarita glacée, 132
Marmelade d'oignon, 48
Mojito à la menthe, 129
Mojo mexicain, 37
Muffins de maïs à la pancetta, à
    l'avocat et à la coriandre, 58

N

Noix grillées, 33
Nuoc-cham, 37

O

Œufs de caille à la trempette
    épicée, 22

P

Pailles au fromage épicées, 73
Pains à hamburgers et à hot-dogs
    miniatures, 53
Panaché sur glace, 137

Pâte à pizza maison, 62
Pâte à tartelettes, 66
Pâté de foie d'agneau, 48
Petits gâteaux de Noël, 129
Pimms, 134
Pitas farcis, 97
Pizzas miniatures, 65
Pochettes de ciabata au rôti de
  bœuf et à la mayonnaise au
  wasabi, 90
Pois mange-tout et hoummos, 27
Pommes de terre à la mode du
  Yunan, 40
Pommes de terre miniatures, 38
Poulet tandouri, 119
Prairie Oyster glacé, 17
Profiteroles, 128

R

Raviolis chinois farcis au porc, 111
Riz à sushi, 78

Rouille, 37
Rouleaux de printemps, 95
Rouleaux de printemps miniatures,
  112

S

Sablés épicés, 71
Salade épicée thaïlandaise à la
  cuillère, 21
Salsa mexicaine, 34
Sangria tropicale, 137
Samosas, 93
Saté de bœuf à l'indonésienne, 120
Saté de porc à la mode de
  Singapour, 121
Sauce saté, 34
Saumon à la cuillère, 21
Smörrebröds, 49
Soupe aux patates douces, 23
Soupe aux pois à la menthe, 18
Souvlakis de poulet, 98

Spirales aux anchois, 72
Sushis au concombre, 79
Sushis aux fruits de mer, 82
Sushis variés, 81

T

Tartelettes et barquettes aux trois
  garnitures, 68
Tequila à l'ananas, 132
Toasts croustillants et bruschettas
  grillées, 46
Tomates séchées au four, 22
Tortillas de pommes de terre, 39
Tortillas farcies, 96

V

Vin chaud à la suédoise, 133

Y

Yakitori, 116

INTRODUCTION 6

BOUCHÉES À LA CUILLÈRE ET AUTRES DÉLICES 15

TOASTS, BRIOCHES, TARTELETTES ET CÔNES 45

PIZZAS, BARQUETTES ET FEUILLETÉS 61

SUSHIS ET FEUILLES FARCIES 77

POCHETTES ET SANDWICHES ROULÉS 89

BOULETTES, BOUCHÉES ET PETITS ROULEAUX 101

RAVIOLIS CHINOIS ET SATÉS 109

DESSERTS ET BOISSONS 123

SUGGESTIONS DE MENUS 139

INDEX 141

Achevé d'imprimer au Canada
en août 2004
sur les presses de l'imprimerie Interglobe Inc.